# Ora, Bolas!

Gonçalo Junior

# Ora, Bolas!

A inusitada história do **chiclete** no Brasil

Copyright © 2012 by Gonçalo Junior

Grafia atualizada segundo o Acordo Ortográfico da Língua Portuguesa de 1990, que entrou em vigor no Brasil em 2009.

Publishers: Joana Monteleone/Haroldo Ceravolo Sereza/Roberto Cosso
Edição: Joana Monteleone
Editor assistente: Vitor Rodrigo Donofrio Arruda
Assistente editorial: Patrícia Jatobá U. de Oliveira
Assistente de produção: João Paulo Putini
Projeto gráfico, capa e diagramação: Patrícia Jatobá U. de Oliveira
Revisão: João Paulo Putini
Imagem da capa: Pin-up do *The Esquire Calender Girl* (1947), de Alberto Vargas

---

CIP-BRASIL. CATALOGAÇÃO-NA-FONTE
SINDICATO NACIONAL DOS EDITORES DE LIVROS, RJ

G623o

Gonçalo Junior,
ORA, BOLAS! – A INUSITADA HISTÓRIA DO CHICLETE NO BRASIL
Gonçalo Junior
São Paulo: Alameda, 2012.
192p.

Inclui bibliografia
ISBN 978-85-7939-105-7

1. Chicletes – Brasil – História. 2. Doces e balas – Brasil – História. 3. Chicletes – História. 4. História social. I. Título. II. Título: A inusitada história do chiclete no Brasil.

11-5669.         CDD: 664.6
                 CDU: 678.483
                                    029362

---

ALAMEDA CASA EDITORIAL
Rua Conselheiro Ramalho, 694 – Bela Vista
CEP 01325-000 – São Paulo – SP
Tel. (11) 3012-2400
www.alamedaeditorial.com.br

Para minha amiga Joana, a quem devi este livro durante cinco anos.

*Chicle, bubble gum, kaugummi, zvykacka, mag farang, tsikles, shee yung tung, chingongo, dooblee booblee, cliclé, chiclet, chicle de bola, chiclete, bola de mascar, goma de mascar.*

Por uma opção editorial, o autor decidiu usar neste livro a forma mais popular adotada no Brasil para definir este produto: **chiclete**.

# Sumário

Introdução    11

**CAPÍTULO 1**    17
O negócio do chiclete

**CAPÍTULO 2**    33
A pré-história do chiclete

**CAPÍTULO 3**    47
O país da bola de chiclete

**CAPÍTULO 4**    63
A consagração do negócio

**CAPÍTULO 5**    85
Como o chiclete rimou com banana

**CAPÍTULO 6**    **103**
O mundo das figurinhas

**CAPÍTULO 7**    **121**
Chiclete é atitude

**CAPÍTULO 8**    **139**
Chiclete também é cultura

**CAPÍTULO 9**    **161**
De vilão a mocinho da saúde

**EPÍLOGO**    **175**
O designer do chiclete

**BIBLIOGRAFIA**    **185**

# INTRODUÇÃO

Em janeiro de 2002, eu trabalhava como repórter do caderno *Leitura de Fim de Semana*, do jornal *Gazeta Mercantil*, de São Paulo, e propus numa reunião de pauta uma reportagem que me parecia interesse e de fácil execução: contar a história do chiclete no Brasil, não apenas como um lucrativo produto do segmento de balas e doces, de origem norte-americana, mas que fora totalmente incorporado aos hábitos e costumes dos brasileiros. Afinal, milhões de pessoas em todo país mascam pelo menos uma goma por dia por motivos diversos. Queria falar também de sua influência na cultural e no comportamento das pessoas ao longo das décadas, e de como sua presença consolidava a influência americana no país. Não ficaria de fora ainda a tradição das figurinhas e os ataques que os fabricantes sofriam dos médicos e dos dentistas, que acusam o chiclete de nocivo à saúde.

    A ideia foi aprovada com entusiasmo pelo editor e imediatamente fiz uma pesquisa na Internet para ver se conseguia alguma informação que servisse de ponto de partida. Tinha certeza de que encontraria muita coisa. Estava completamente enganado. Não consegui acreditar que nada havia em português que, ao menos, falasse da origem do chiclete no país. A começar pelos sites das maiores fabricantes, pobres em informações históricas e sem qualquer preocupação em contar a trajetória da goma de mascar. Não foi muito animador entrar em contato com as assessorias de imprensa dessas empresas. Com certo constrangimento, os assessores lamentavam a falta de informação e confessavam a inexistência de uma memória documental e visual do chiclete, ao menos. Ou seja, os fabricantes sequer preservavam as coleções de figurinhas e os álbuns que distribuíam às crianças.

E a missão virou um martírio que me consumiu três meses de trabalho, até que a reportagem finalmente fosse publicada, na edição de 11 e 12 de maio. Tentei buscar livros em outros idiomas e a pesquisa se mostrou infrutífera. Uma possibilidade surgiu porque eu conhecia colecionadores de revistas em quadrinhos e de álbuns de figurinhas, a quem recorri como fontes. Por meio das coleções mais antigas que eles tinham chegaria ao menos a uma data aproximada dos mais antigos produtos vendidos no Brasil. E eles foram de grande utilidade para mapear as marcas que não mais existiam também. Essas pessoas geralmente possuem uma memória afetiva intensa, o que lhes permitia contar casos e curiosidades por elas mesmas vividas. Também falei com os maiores fabricantes para dar uma ideia do quanto representava o chiclete como negócio. Afinal, escrevia para o leitor da *Gazeta Mercantil*, um jornal de economia.

Meu interesse pelo tema também era afetivo. Crescera colecionando figurinhas de chicletes, principalmente. Sempre curti filmes sobre rebeldia juvenil feitos nos Estados Unidos, em que os *bad boys*, interpretados por Marlon Brando, James Dean e Jack Nicholson, apareciam mascando chiclete como uma atitude de provocação aos valores morais vigentes. Em pelo menos dois momentos, envolvera-me intensamente na busca desesperada (e dispendiosa) para completar minhas coleções: em 1978, quando a Ping-Pong lançou os cartões Futebol Cards; e em 1982, com o álbum de figurinhas que trazia os craques de todas as seleções que participaram do mundial de futebol da Espanha, também da Ping-Pong.

Depois da publicação da reportagem, no mesmo fim de semana que a matéria saiu, comentei por telefone com meu irmão Emanoel Risério, que é engenheiro agrônomo na cidade de Barreiras, extremo oeste da Bahia, sobre a dificuldade que tive para encontrar fontes para a matéria. E ele me perguntou: "Você sabia que o chiclete chegou ao Brasil por Barreiras?" Diante do absurdo da pergunta, não prestei muita atenção na explicação dele e esqueci o assunto. Até o dia em que fui visitá-lo dois anos depois e ele voltou ao tema: precisava me apresentar a dona Ignês Pita, uma historiadora local que poderia provar como os moradores da cidade tinham sido os primeiros no Brasil a mascar aquela esquisita, mas doce e saborosa borracha doce.

E fomos atrás da senhora. A história contada por ela estava relacionada com a base militar que o Exército norte-americano havia construído ao redor do aeroporto da Panair em Barreiras – a obra tinha sido iniciada em 1937 e começara suas operações no ano seguinte. Em 1940, a companhia concordou em ampliar o local para oito pistas em forma de "rosa dos ventos" e com capacidade para receber até oito aviões de porte internacional ao mesmo tempo. A ideia era usar o local como base de apoio aos voos militares estratégicos que os Aliados fariam para a África – onde se desenvolveriam batalhas importantes para o desfecho da Segunda Guerra Mundial.

Apesar do meu interesse grande sobre a presença nacional na guerra, nunca tinha ouvido ou lido sobre a incrível história da base americana na Bahia, que se perdeu da memória da participação brasileira no conflito. Sabia, sim, da base construída em Natal, no Rio Grande do Norte, a partir de 1941 – um tema cada vez mais estudado na Universidade nos níveis de mestrado e doutorado. Durante uma semana, tive acesso a centenas de documentos colecionados pela professora Ignês Pita, e conversei com vários sobreviventes da época por ela gentilmente apresentados. De lá, voltei com uma pilha de fotocópias de material de arquivo e a ideia de escrever este livro.

Quando decidi iniciá-lo, havia ampliado minha abordagem a diversos aspectos da curiosa trajetória do chiclete no Brasil. Exatamente como tinha planejado inicialmente minha reportagem. As discussões sobre a goma de mascar se estenderam principalmente ao sentido cultural e de comportamento: por ter surgido nos Estados Unidos, tornou-se símbolo do imperialismo ianque e enfrentou resistência entre os brasileiros. Como procuro mostrar a seguir, graças a uma eficiente estratégia de marketing, porém, o chiclete se estabeleceu: caiu no gosto das crianças, seduzidas principalmente pelas figurinhas, e acabou por conquistar os adultos – consumidores, médicos e dentistas com as gomas diet. Uma história que vale a pena ser conhecida, acredito, pelo seu caráter inusitado e por sua forte carga nostálgica.

*Gonçalo Junior*

# CAPÍTULO 1

## O negócio do chiclete

Assim como fez com o futebol, criado na Inglaterra no século XIX, o Brasil também se apropriou do chiclete – invenção americana – e se tornou uma referência mundial – é o terceiro país do planeta que mais consome gomas de mascar, atrás apenas dos Estados Unidos e da China. A indústria brasileira de doces industrializados tem um dado na ponta da língua, na primeira década do século XXI, quando o assunto é chiclete: vendem-se, em média, todos os dias, 18 milhões de unidades em todo país. Isso significa mais de 6,5 bilhões de tabletes e caixinhas de gomas mascadas ao ano – ou 351,3 chicletes *per capita* – como se cada habitante do país mascasse ao menos uma goma por dia.

Se pegar o menor valor de uma das marcas mais populares em 2009, que era de R$ 0,10, chegava-se à soma de R$ 1,8 milhão em vendas ao dia, e R$ 650 milhões em faturamento bruto a cada ano, o que daria cerca de 300 milhões de dólares – números que não devem ter sido muito diferentes em 2011. O volume de faturamento, porém, é muito maior se considerar que as linhas adultas ultrapassam R$ 1 a unidade e o líder de mercado infantil, o Bubbaloo, tem um preço que varia de R$ 0,20 a R$ 0,40. Por causa dos diets, os adultos — que vão dos 13 aos 40 anos — já representam 40% de todas as vendas do setor de chicletes e mais de 55% do faturamento. Somente em agosto de 2008, pelos dados da Cadbury Adams, líder do mercado e dona da marca Adams, mais de 100 milhões de unidades dos pacotinhos Trident foram vendidas em todo o país.

Nada disso impressionaria se o chiclete não estivesse um passado controverso, marcado por polêmicas relacionadas a comportamento, saúde e até política. Um negócio que só pegou por causa de muito investimento em marketing. De acordo com estudos da Cadbury

Adams, o consumo de gomas de mascar nos EUA dobrou durante a década de 1990. No momento, passa das 100 mil toneladas por ano. Esse volume corresponderia a cinco vezes o consumo brasileiro – dado que estimula os grandes fabricantes estrangeiros, que hoje dominam sua fabricação no país, a investirem e a apostarem na potencialidade do mercado nacional. Estima-se que atuem no Brasil mais de cem empresas do setor de balas e chicletes com distribuição nacional, além de marcas importadas. Não fazem parte da estimativa as empresas regionais ou locais, com vendas restritas a seu estado ou à região, como é comum no Nordeste, onde se consome muito chiclete.

Os quatro maiores fabricantes nacionais, na primeira década do século XX, são a Cadbury Adams, que possui mais de vinte marcas próprias registradas – somente a metade é utilizada no comércio, num sistema rotativo; a argentina Arcor, a italiana Perfetti e a brasileira Riclan. Nos últimos anos, todas elas resolveram não mais divulgar seus números de produção e venda como estratégia num mercado altamente competitivo. Pelos números divulgados em 2002, a Cadbury Adams tinha 64% do segmento e a Arcor, 16%. É um negócio que sempre teve como alvo principal, na maior parte de sua história, o consumidor infantil, que responde por mais da metade das vendas – o percentual já foi bem maior até a década de 1980. Cada vez mais, entretanto, os adultos têm sido atraídos por itens específicos para sua faixa, principalmente as gomas da linhas diet.

É um filão bem definido porque a indústria se acostumou a trabalhar principalmente o lado emocional da garotada, o que faz com competência há mais de seis décadas no Brasil. Para isso, o setor produz chicletes que permitem fazer bolas com a boca. Atraía também o tamanho dos tabletes, o sabor mais doce e os brindes – como as figurinhas colecionáveis. Neste caso, há desde reproduções fotográficas de artistas da TV, do cinema e da música a personagens de desenhos animados licenciados. Há ainda as estampas meramente educativas, sobre espécies de animais e plantas ou com as incansáveis séries na linha "você sabia que...?", com curiosidades sobre temas diversos. Em diferentes momentos, cromos consagraram ou consolidaram marcas. Só para se ter uma ideia, em 2002, após 90 dias de comercialização, os chicletes Ping-Pong com as figurinhas da dupla Sandy & Júnior venderam 160 milhões de unidades.

Os chicletes de bola simples, sem recheio, são o segmento mais competitivo do mercado infantil. Um ponto é fundamental para conquistar a simpatia da garotada, além do licenciamento de figurinhas: o preço. Durante muitos anos, o valor para o consumidor desse tipo de produto ficou na casa dos cinco centavos de real. A Cadbury Adams disputou esse nicho principalmente com o Bubbaloo, embora seja a dona das outrora imbatíveis gomas Ping-Pong e Ploc. A General Brands, responsável pela produção dos sucos Camp, foi outra que na primeira década do século XXI apostou nos chicles de bola. Dona da marca Gang, a empresa fechou licenciamento dos heróis Marvel e da Turma da Mônica em 2006 para aumentar seu espaço nesse mercado. Os últimos licenciamentos de Ping-Pong foram a série de TV *Chaves* e os filmes *Carros*, da Disney, e *Kung-Fu Panda*, da Dreamswork – que continuava a ser vendido no primeiro semestre de 2009.

## Dimensão

Para se dimensionar o quanto o setor não parou de crescer nos últimos vinte anos, basta acompanhar alguns números. Entre 1993 e 1996, a indústria de chocolates no Brasil aumentou sua produção em 53%, enquanto e a de balas e chicletes chegou a 46%. Isso significava um acréscimo médio anual de 17% e 15%, respectivamente. O país se tornou o maior produtor mundial de açúcar e terceiro de milho – usado para produção de amido. Em 1998, os doces e chicletes brasileiros eram exportados para 115 países, que compravam mais de 400 mil toneladas produzidas por ano, colocando o Brasil como o segundo maior produtor de balas, confeitos e chicletes, atrás apenas dos Estados Unidos – que também consome itens brasileiros. Ou seja, tinha 12% de todo comércio mundial de balas.

Quase dez anos depois, o país gozava de uma posição ainda melhor em volume de produção e alcance. Pelos números mais recentes da Associação Brasileira da Indústria do Chocolate, Cacau, Amendoim e Balas (Abicab), o Brasil faturou, em 2007, R$ 10,4 bilhões, nesse seguimento, divididos em três categorias: R$ 7,2 bilhões em chocolates; R$ 2,7 bilhões em balas, confeitos e gomas de mascar; e R$ 519 milhões em amendoins.

Não significa que o chocolate venda mais em unidades. A diferença grande se estabelece principalmente por causa do peso e dos valores, com grande vantagem para os derivados do cacau. As exportações naquele ano geraram US$ 300 milhões, com uma venda total de 158 mil toneladas de doces e chicletes para 142 países de todas as regiões e continentes. Os dez maiores compradores brasileiros eram: Estados Unidos, Argentina, Paraguai, África do Sul, Canadá, Uruguai, Venezuela, Bolívia, Angola e Chile.

De acordo com o mapa de exportação da Associação Brasileira da Indústria de Chocolates, Cacau, Amendoim, Balas e Derivados (Abicad), em 2007, 42% das exportações se destinavam para América do Sul. Outros 22% foram para América do Norte; 18%, África; 6%, Europa; 2%, Oriente Médio; 4%, Ásia, e o restante, Oceania. Esses números são apenas os contabilizados pela entidade, que reúne 150 indústrias associadas. Segundo sua direção, isso se devia ao fato de que a indústria de doces nunca fora abalada por crises econômicas. Dentre as curiosidades, mais de 90% dos pirulitos consumidos na África do Sul são brasileiros. No Brasil, doces e chicletes são vendidos em 600 mil pontos-de-venda. Não são os baleiros de rua e bancas de jornal ou supermercados os principais vendedores, mas as padarias, que fazem escoar cerca de 80% da produção. Para os especialistas, o segredo está no fato de ser uma compra feita por impulso, na hora de pagar a conta.

A Cadbury Adams chegou a 2009 como líder do mercado brasileiro de gomas de mascar e dropes, com quase 70% dos negócios. Pioneira na fabricação de chiclete com sabor, a Adams fazia parte da Warner Lambert do Brasil, divisão do Pfizer Consumer Group, e foi comprada pela inglesa Cadbury Schweppes por US$ 4,2 bilhões em 1999. Somente com chicletes, estima-se que a Cadbury Adams faturou R$ 400 milhões em 2008, enquanto balas renderam outros R$ 250 milhões. Suas maiores concorrentes são a Arcor e a Perfetti Van Melle, além das brasileiras Florestal e Peccin.

Desde década de 1940, quando a Adams iniciou a produção de chicletes no Brasil, os sabores mais populares são tutti-frutti, hortelã e menta – nessa ordem. Nos anos de 1950, tentou-se estabelecer também o canela, sem sucesso. A partir da última década do século XX, outros têm sido testados com sucesso, como morango, acerola, uva, chocolate, banana, melancia e laranja. Nesse contexto, qualquer ideia é válida para fazer marketing e alavancar as vendas. As regras para se manter no topo do negócio são marketing agressivo, inovação constante e rotação de sabores. Só os mais fortes sobrevivem. Daí a brevidade de muitas marcas e empresas. É um segmento agressivo, que vive da guerra da publicidade, da distribuição e da capacidade de cada empresa em buscar licenciamento de marcas e pessoas. Um bom exemplo da Adams foi o lançamento, em 1982, do chiclete Bubbaloo, com recheio líquido – cuja tecnologia nacional foi levada para outros países – que derrubou todos os outros concorrentes na linha chiclete de bola.

A partir do final dos anos de 1980, graças aos avanços em pesquisas e tecnologias, o chamado valor agregado dos chicletes se diversificou numa guerra constante e sem trégua contra a concorrência e pela busca de novos segmentos de consumidores – principalmente os adultos. Marcel Sacco, diretor de marketing da Adams, na época, explicou que os consumidores de chicletes estavam sempre atrás de constante inovação e a empresa procurava atendê-los com sabores e produtos diferenciados. Como os tipos "funcionais" da linha Clorets, também em caixinha, que tem clorofila como ingrediente eficaz para refrescar o hálito. "Todas estas inovações são incorporadas às marcas conhecidas e reconhecidas pelos consumidores através de embalagens que são atualizadas, sem perder a identidade, reconhecidas e valorizadas pelo público", disse ele à *Gazeta Mercantil*, em 2002.

Não deixa de ser curioso que, num mercado tão exigente, o "Chicletes" Adams tinha existido desde o começo do século XX como uma das marcas mais fortes do mundo, em todas as áreas do comércio e da indústria de alimentos. A explicação é simples, segundo o fabricante: seu público é formado quase exclusivamente por adultos, mais conservador e que tende a se manter fiel aos itens de sua preferência. Uma de suas forças, portanto, estava na embalagem inconfundível e sempre presente, que manteve viva a tradição do produto, além da praticidade de manuseio pelo consumidor. E pouco mudou seu design – são as famosas caixinhas de duas unidades nas cores rosa (tutti-frutti), amarelo (hortelã) e verde (menta), com a logomarca em forma de ferradura, que só foi trocada em 2006. Tanto que, no Brasil, tornou-se sinônimo de goma de mascar – era tão forte que ficou 15 anos sem ter companhas de publicidade.

As gomas sem açúcar, voltadas para os adultos e lideradas pela Trident, crescem anualmente e ampliam cada vez mais a base de consumidores. Sejam homens e mulheres, sejam crianças. O consumo por adultos representa 95% do mercado *diet*. Os fabricantes explicam que é assim porque os benefícios funcionais são percebidos mais rapidamente por quem tem mais de vinte anos. Existe também um apelo maior desse formato às mulheres, mais preocupadas com a estética corporal. No entanto, há um perceptível crescimento dos diets entre as crianças já que os dentistas recomendam aos pais que troquem o tradicional chiclete de bola adocicado pelos diets.

## Sobrevivência

A história do chiclete no Brasil mostra que apenas algumas marcas fortes conseguiram sobreviver nessas sete décadas, embora tenham mudado de donos algumas vezes. Há sempre uma oscilação constante também quanto à participação no mercado ou mesmo em relação à sua sobrevivência. Na década de 1980, existiam basicamente quatro marcas de chiclete no país. Apenas as duas líderes no setor possuíam 14 tipos de gomas. Em 1991, por exemplo, o jornal *Folha de S. Paulo* publicou uma reportagem no caderno *Folhateen* sobre a indústria de goma de mascar e constatou que, naquele momento, apenas nove fábricas produziam chicletes com 18 marcas diferentes – em 2009, somente a Arcor tinha 15 linhas próprias. A matéria, no entanto, dizia que o setor comemorava o fato da produção mensal equivaler a meia volta ao mundo. Duas empresas dividiam então o grosso do mercado: a Q-RefresKo (que era proprietária da Pong e Ploc, entre outras) e a Warner Lambert (Adams, Ping-Pong, Trident, Dentyne, Bubbaloo etc).

Sete anos depois, em outubro de 1998, a revista *Manchete* fez uma radiografia do hábito de mascar chicletes no país. Informou que, mais de meio século depois do início da fabricação da primeira goma nacional, o setor continuava movimentando "grandes montantes". Anualmente, oito bilhões de gomas eram consumidas, segundo a publicação. Em 1997, o mercado havia crescido 4%. A marca mais vendida na linha infantil, Ping-Pong (e suas irmãs Ploc Zaps, Splash e Big Bol), tinha mudado de mãos. Pertencia agora à Kraft

Lacta Suchard Brasil S. A., que atingia a cifra mensal de 80 milhões de chicletes vendidos, com 32% de participação no segmento de "bola". A Adams, então da Warner Lambert do Brasil, aparecia em seguido lugar, com 19,8%. A líder mundial, a americana Wrigley Company, havia faturado no primeiro semestre de 1998 mais de um bilhão de dólares, 4,4% a mais que o mesmo período no ano anterior.

A abertura do livre comércio nos países que formam o Mercosul permitiu que fabricantes vizinhas mandassem seus chicletes para o Brasil. Uma marca que teve ampla distribuição no país foi uma marca que teve ampla distribuição em vários estados brasileiros, o "Chicle Globo", da empresa argentina Basurita. A filial argentina da Cadbury também exportou para o país vizinho uma série com os personagens do canal pago Cartoon Network. Ambas, no entanto, não tiveram vida longa porque é difícil convencer a meninada ao menos a experimentar outras marcas. Por isso, nomes surgem e desaparecem em pouco tempo. Como os chicletes do começo da primeira década deste século – Show Time (As garotas superpoderosas), Freegells, Spin, Splash e Bond (que fez efêmero sucesso com as figurinhas Dragon Ball Z) e até um tal chiclete Palmeiras, com o escudo do time paulista.

Impressionante foi a agressividade da marca Buzzy, da Riclan. A empresa de capital nacional virou o mercado de chicletes de bola de pernas para o ar ao lançar várias séries com personagens bastante populares. Algumas até polêmicas. Em pouco tempo, licenciou séries de sucesso da TV, desde os tradicionais *Flinstones*, *Pernalonga* e *Pica-pau* ao moderno japonês *Pokémon* e os longas-metragens de cinema do *Homem-Aranha* e dos *Flinstones*. Também do mundo real, trouxe para as figurinhas o cantor Daniel, os personagens da novela mexicana *Chiquititas 2*, da brasileira *O beijo do vampiro*, a série *Sítio do Pica-pau Amarelo* etc. O sucesso do ator Reinaldo Gianechini, revelação da novela *Laços de família* (2000), rendeu uma coleção de figurinhas somente com o galã. O programa *Domingo Legal*, do SBT, apresentado por Gugu Liberato, também ganhou uma série. Além do êxito das duplas de cantores Sandy & Junior e KLB, a Riclan vendeu muitos chicletes das dançarinas do grupo É o tchan! Tiazinha mereceu também sua própria coleção.

No ramo de chicletes, quem descuida é atropelado pela concorrência. No começo de 2006, por exemplo, fabricantes investiram ao mesmo tempo em marketing e no lançamento de produtos especiais para a Copa do Mundo de Futebol, que seria disputada na Alemanha e vencida pela Itália. Esse é considerado um período que, tradicionalmente, o consumo chicletes de bola não é elevado no Brasil. Por isso, entre as décadas de 1970 e 1990, a Ping-Ping apostou tanto nos álbuns de figurinhas e cards de jogadores e times. A Cadbury Adams investiu R$ 5 milhões em filmes publicitários e peças interativas na internet e na televisão, especialmente no Cartoon Network, que começaram a ser veiculados em março daquele ano, três meses antes do início da Copa, para ampliar as vendas do Bubbaloo.

A goma teve o jogador Ronaldinho Gaúcho como garoto-propaganda – função que o craque do Barcelona havia exercido na campanha da Trident na Europa, no ano anterior. A mesma estratégia foi difundida nos países vizinhos ao Brasil onde a marca atuava – Venezuela, Colômbia, Peru, Equador e Bolívia. No comercial mostrado na televisão, produzido pela agência de publicidade JWT (Thompson), Ronaldinho aparecia jogando bola com três crianças e o personagem Bubba the Cat, um gato que é o mascote do chiclete: em forma de bola de futebol amarela.

A promoção incluía ainda um encontro entre o craque e um grupo de 40 crianças – dez brasileiras e as demais trazidas dos países vizinhos que participariam do sorteio. Para concorrer, a meninada deveria juntar oito embalagens do produto – pelo menos duas da série Bubbaloo Golaço – e enviá-las por carta à empresa. Foi um sucesso. "Para criar um ambiente mais interativo, especialmente com o público infantil, a campanha também terá espaço na internet, onde se poderá jogar virtualmente", disse Marcel Sacco ao repórter Carlos Franco, da *Gazeta Mercantil*.

A Cadbury Adams, que havia adquirido as marcas tradicionais Ping-Pong e Ploc, respondeu ao concorrente com pirulitos bala de chiclete, só que dirigidos aos consumidores do Norte e Nordeste do país, a partir do uso dos seus personagens Big Big e Bolin Bola em versões de futebol. Na intenção de agregar valor, surgiu o Bolin Copa que, depois de consumido, tinha seu palito transformado em apito. As embalagens traziam também adesivos ligados a futebol. "Quando ocorre o estímulo, há o crescimento das vendas porque as crianças gostam de consumir e colecionar", afirmou o diretor de marketing de guloseimas e chocolates da Arcor, Jorge Conti, na mesma reportagem da *Gazeta Mercantil*.

Na opinião do executivo, houve uma mudança cultural no país nas últimas décadas e as crianças tinham se tornado um público ávido por novidades e pouco fiel às marcas. Tanto que, em 2009, Ping-Pong e Ploc – que em 2002 ocupavam 50% do mercado infantil, enquanto a Arcor ficava com 25% – não tinham mais qualquer expressividade no mercado e encontrá-las para consumo não era uma tarefa das mais fáceis. Antes, até que tomou algumas iniciativa para salvá-las com uma série de ações discutíveis e de resultados duvidosos: juntou os dois num só chiclete (Ping-Pong Ploc) e reformulou sua embalagem, com nova apresentação para o autosserviço, em caixinhas com dez unidades, nos sabores tutti-frutti e hortelã, acompanhados de coleção de figurinhas.

Em 2004, os dois chicletes foram separados novamente. "Mantivemos nosso preço a R$ 0,10, quando todos cobravam R$ 0,05 e perdemos mercado", admitiu Sacco na época. "Mas, recentemente, a indústria não conseguiu manter o patamar dos R$ 0,05 e estamos reconquistando nossa participação", acrescentou. Sacco observou depois que o seguimento de goma de mascar cresceu continuamente nos seis primeiros anos desta década, 5% em média ao ano. Desde que fora criado em 1982 e durante toda a década de 1990, o Bubbaloo se destacou na liderança dos chicletes infantis com quatro sabores fixos. No novo século, no entanto, teve de inovar por causa da concorrência de similares e passou a lançar dois novos gostos a cada ano.

Para atrair ainda mais as crianças, estimuladas por dentistas e pais a trocarem o chiclete de bola pelo *diet*, a Trident criou uma linha com sabores e visual que têm a ver com universo infanto-juvenil. O principal apelo da marca tem sido reforçar a imagem de um produto capaz de proteger os dentes das cáries, devido à ausência do açúcar, e garantir um sabor mais prolongado. O aval de goma saudável da odontologia estimulou as vendas e levou à ampliação de seu cardápio com os sabores tutti-frutti e morango. O último foi especialmente formulado para permitir fazer bola.

Na busca pelo marketing eficiente, importa aproveitar qualquer oportunidade. Em 2006, por exemplo, a Cadbury Adams promoveu uma gincana virtual pela, internet, em parceria com a rede de lojas de brinquedos infantis Ri Happy, para distribuição de presentes no Dia das Crianças. Foi feito ainda uma ação promocional, com amostras do Bubbaloo distribuídas por equipes uniformizadas e treinadas para dar mais informações sobre o produto ofertado nas sessões de cinema do filme *Scooby Doo*. A ideia era pegar o consumidor, "onde quer que ele esteja", como observou Sacco na ocasião. Em junho do mesmo ano, a companhia anunciou que, após 25 anos como goma de mascar, a Trident viraria pastilha. Foram 18 meses para desenvolver o novo produto, considerado então seu maior lançamento em 2006.

A estratégia adotada pela empresa inglesa foi de fortalecer a marca tradicional por meio de "um banho de rejuvenescimento" visual e extensões de linha. A ideia era focar no mercado adulto, onde a concorrência ainda é mais leve. No ano anterior, a empresa lançara a "versão" goma de mascar de suas balas Halls, considerada sua primeira experiência em extensão de marca. Em 2006, reformulou o Chicletes Adams. Além da roupagem, foram criados novos sabores para atrair a faixa de público dos 14 aos 18 anos. Do formato tradicional, ficaram apenas a caixinha e a letra C em destaque no logotipo. Se não bastasse, o rejuvenescimento levou a empresa a rebatizar seus sabores de modo bem moderno: "Knela" – abreviou-se a sílaba "ca" para a letra "K", como fazem os adolescentes quando se comunicam pela internet; "e-morango" e "uva hip-hop". "As vendas este ano já cresceram 40% em relação ao ano passado", afirmou Marcel Sacco ao jornal *Valor Econômico*, ao avaliar os primeiros resultados da mudança.

De acordo com ele, as novas estratégias da Cadbury foram resultado de pesquisa internacional em 20 países, coordenada pelos Monitor Group e Ipsos. A consulta pretendia identificar quem consumia as marcas da Cadbury Adams. No Brasil, foram ouvidas 4.000 pessoas ao longo de um ano. "Redefinimos nossa estratégia e percebemos que podíamos usar a força de nossas marcas para explorar outros segmentos", observou. O lançamento das novas pastilhas Trident envolveu investimentos de R$ 8 milhões. Com a reformulação de "Chicletes", a empresa gastou mais cinco R$ 5 milhões. Por causa do crescimento médio de 15% ao ano da Trident, a companhia apostou ainda na criação das mini-pastilhas. "Vamos aproveitar o conceito de 'saudabilidade' da marca para lançar a primeira pastilha sem açúcar do mercado", afirmou o executivo.

Para os especialistas do mercado, essa iniciativa, na verdade, foi mais uma resposta à líder Tic-Tac, da italiana Ferrero, a mesma fabricante dos chocolates Ferrero Rocher e Kinder Ovo. Embora não revelasse sua participação no segmento, a Cadbury Adams tem a liderança em marcas como Trident e Halls. Nos chamados chicles de bola, Bubbaloo, seu principal produto, briga com Big Big, da Arcor. "Somos líderes em chicle de bola infantil com mais de dez marcas", afirmou Jorge Conti, diretor de marketing da Arcor ao *Valor Econômico*, sem revelar também sua fatia no mercado. Gomas de mascar, pirulitos, balas recheadas e balas mastigáveis representavam então 65% do negócio da Arcor. O restante vinha do chocolate. De 2000 a 2006, a multinacional teria investido cerca de R$ 30 milhões em marketing e tecnologia de chicles de bola.

## Evidência

Existem outros casos curiosos de iniciativas das companhias para manter seus produtos em evidência. A Trident, por exemplo, realizou o primeiro leilão de goma de mascar pela internet, em novembro de 2008, numa ação inédita no Brasil. Como parte da nova campanha da marca "Mais sabor por mais tempo", teve o ator Cauã Reymond como convidado. Ele aceitou mascar uma goma Trident por 15 minutos para, em seguida, leiloar a mesma no site www.leilaotrident.com.br. O internauta pôde dar lances a partir de R$ 1 durante 20 dias. A quantia seria revertida à ONG Dentistas do Bem, que promove o atendimento de cinco mil crianças e adolescentes de baixa renda em todo o país e hoje conta com 2.500 dentistas voluntários, que prestam atendimento gratuito. A instituição recebe patrocínio de Trident desde 2005. O arremate foi feito pelo desenhista curitibano Phelipe Mattos, de 21 anos, que pagou R$ 349 pelo chiclete. Phelipe fez questão de receber a compra das mãos do próprio ator.

A paulista Riclan, que provocou a ira dos moralistas com as figurinhas sensuais de Tiazinha e das dançarinas do grupo É o tchan! em 1999 e 2000, respectivamente, está sempre à procura de novidades para se fazer notar. Em 2002, lançou a série inspirada na novela da Rede Globo *O beijo do vampiro*, de sua marca mais famosa, o chiclete Buzzy.

Com figurinhas colecionáveis de cenas da novela, a goma trazia efeitos que encantaram as crianças: uma tinta na goma que deixava a boca pintada de azul, no sabor tutti-frutti; e de verde, no sabor hortelã. O produto, claro, não era tóxico e saía com facilidade. A Riclan distribuiu gratuitamente um álbum com 90 espaços, onde podiam ser coladas as figurinhas. Gustavo Bacchi, então gerente de Marketing, explicou que a ideia era estimular consumidores da faixa dos seis aos 12 anos de idade a formarem álbum de fotonovelas e se divertirem colecionando fotos dos artistas. E muitas outras atrações da TV e da música vieram nos anos seguintes (ver capítulo sobre figurinhas).

A Perfetti Van Melle – resultado da fusão em 2001 entre a italiana Perfetti e a holandesa Van Melle – é a dona da Happydent, que tem sua própria linha de gomas de mascar sem açúcar – não faz muito tempo, obteve o Selo ABO, concedido pela Associação Brasileira de Odontologia, que atesta a qualidade do produto como aliado da higiene e saúde bucal. Em 2006, a empresa lançou a Happydent White Ice-Cherry em caixinha mini Flip Top, com cinco unidades. E mudou o formato da embalagem do sabor menta, que continuou a ser comercializado com dez unidades. Com distribuição em 130 países, a multinacional possui ainda as linhas de chicletes Vigorsol e Chlormint. Em 2006, comprou 100% da marca espanhola de caramelos com palito Chupa Chups.

A General Brands do Brasil criou, em 2008, o chiclete de bola Gang, com 90 novas e exclusivas tatuagens de desenhos inspirados em bichos, tribos, esportes radicais e signos do zodíaco. As tatuagens são aplicadas por decalque sobre a pele. A Arcor apostou, nos dois últimos anos, no segmento de chicletes com recheio líquido, tão apreciados pela garotada. A goma Poosh foi relançada com capa drageada crocante nas versões tutti-frutti, hortelã e morango. O principal êxito da companhia tem sido os Big Big (maracujá e citrus) e Big Bolão (morango e banana).

Segundo Conti, a regra da empresa na primeira década do século XXI tem sido agregar valor a seu catálogo, uma vez que se tornou um desafio atrair o interesse das crianças, cada vez mais ligadas em tecnologias e estimuladas por novas formas de entretenimento. "Adaptamos sabor, formato, pesquisamos o que é tendência para transmitir o conceito aos produtos", observou o diretor de marketing. No ano de 2006, os chicletes infantis correspondiam a 35% da produção da empresa, que faturara R$ 440 milhões pelos números de 2004 – então, os mais recentes divulgados. Nos dois anos seguintes, investiu US$ 20 milhões em marketing, novas linhas de produção e recursos humanos. Perto de 250 toneladas de balas, pirulitos e gomas de mascar eram, então, produzidas em sua unidade de Rio das Pedras, em São Paulo.

Quem observar as diferentes marcas do mercado nacional notará uma curiosidade: somente Adams usa a palavra "chiclete". As demais se referem ao produto como "chiclé", "chicle de bola" ou "goma de mascar". Isso se explica por um detalhe: "Chiclete" é uma marca registrada da Adams e, portanto, somente ela pode adotá-la em suas embalagens.

Os chicletes, porém, não são apenas um grande negócio para os fabricantes. Passaram a fazer parte do hábito alimentar do brasileiro. Em sete décadas, a goma de mascar construiu no país uma história profundamente marcante no imaginário de gerações de crianças que cresceram mascando e fazendo bolas e colecionando figurinhas. Também causaram polêmica e viraram ícone da cultura estrangeira no país. Uma saga que merece ser saboreada.

# CAPÍTULO 2

A pré-história do chiclete

O chiclete é uma daquelas invenções sobre as quais é impossível precisar sua origem e muito menos sua fórmula essencial – na verdade, são muitas, guardadas sob rigoroso sigilo pelos fabricantes. O hábito de mascar produtos que se assemelham ao chiclete, porém, é muito mais antigo do que se imagina. Em 1997, por exemplo, a antropóloga Elizabeth Aveling, da Universidade de Bradford, Inglaterra, afirmou que em diversos sítios arqueológicos datados de 6,5 mil anos no norte da Europa, principalmente na Suécia, foram encontrados vestígios de que, enquanto a civilização ocidental ainda estava engatinhando, o homem já tinha o hábito de mascar. No caso, um pedaço de casca de bétula, árvore natural da Europa cuja seiva é rica em açúcar. Naquela época, a goma de bétula já era também usada como vedante e cola. Ainda não se sabe se esse "chiclete" servia como chupeta ou antisséptico bucal. O fato é que, pelas marcas deixadas nos dentes, um dos mascadores identificados era criança ou adolescente.

Desde os tempos primitivos, os esquimós cultivaram o hábito de mascar pele de baleia para manter a mandíbula em atividade e, portanto, imune ao frio. Antropólogos também descobriram que há aproximadamente cinco mil anos os povos andinos mascavam folhas de coca e cal – a substância tinha a função de liberar o princípio ativo da folha, a cocaína. Os conquistadores espanhóis ficaram impressionados com os efeitos dessa experiência e o levaram para o Velho Continente. Embora os livros de história não falem muito sobre isso, a coca logo ganhou popularidade nos salões nobres europeus – Londres, Paris, Madri, Berlim etc. Somente em 1857, no entanto, químicos alemães conseguiram isolar a cocaína e compreender sua composição química e seus efeitos sobre o corpo e a mente das pessoas. Principalmente os que consideravam positivos. Nessa época, usava-se o pó e não mais o hábito de mascar as folhas.

Tanto que o pó branco foi considerado poderoso medicamento para uma série de males como a dor de dente e até o resfriado. O tempo passou e ainda no período anterior à era cristã, as civilização se tornaram mais complexas e desenvolveram sua medicina e outros hábitos, mas o homem não abandonou o gosto por mascar. Na Grécia antiga, por exemplo, há cerca de 2,5 mil anos, era comum mastigar incansável e rotineiramente a resina de uma árvore que denominavam Mástiche (Pistacia lentiscus). Era uma substância grudenta. Os gregos de todas as castas acreditavam que podia curar certas doenças. Havia aqueles, porém, que a usavam simplesmente para limpar ou lavar os dentes – a mastigação fazia com que os resíduos se desprendessem – e melhorar o hálito. Dioscorides, médico grego e botânico do Primeiro Século da Era Cristã, deixou anotado os "poderes" curativos da mastigação da planta. Essa resina também foi muito popular entre as crianças romanas, no auge de sua civilização. Séculos depois, em territórios islâmicos, durante a Idade Média, o produto era tido como privilégio restrito aos sultões, que o utilizavam para manter o hálito fresco ou como cosmético.

Alguns autores afirmam que, desde o século II, o chiclete era usado pelos índios da Guatemala, que mascavam a resina extraída de uma árvore denominada por eles de chicle – pronunciava-se "chi-clé", chi (boca) e clé (movimento). Sabe-se que a goma começou a ser usada pela Civilização Maia, no sul de onde hoje fica o México, para estimular a produção de saliva e, assim, evitar que se tivesse a sensação de secura na boca durante longas caminhadas.

Para fazer a coleta da matéria-prima numa árvore chamada sapodilha ou sapota zapotilha, os nativos usavam uma corda ao redor da cintura e escalavam árvores que chegavam a superar 35 metros de altura. Em diferentes pontos, semelhante aos seringueiros brasileiros, eles faziam talhos na casca do fundo ao topo. Desses pontos brotavam o látex ou "leite" que escorria do tronco baixo para se depositar num balde colocado no chão. Até que, por volta do ano 800, o povo Maia encontrou seu fim por razões em grande parte ainda desconhecidas.

Mastigar goma teria sido a única prática dessa civilização que atravessou integralmente o milênio, até o século XX. Seu uso foi preservado pelos descendentes que sobreviveram.

O hábito maia foi assimilado pelos Astecas, que o usavam para aliviar a tensão – como fariam os caubóis americanos com o fumo de rolo, durante a conquista do oeste. O chicle teria sido utilizado pelos europeus por volta de 1518, quando os conquistadores espanhóis invadiram e massacraram o Império Asteca. Há registro de que eles encontraram algumas prostitutas mascando um tipo de goma e souberam que se tratava de uma herança Maia. De qualquer forma, não há dúvidas de que o chiclete americano, um dos símbolos da cultura americana surgido no século XIX, veio mesmo dos povos antigos da América Latina. Antes, porém, já se sabia que os índios americanos de Nova Inglaterra também mastigavam goma, só que feita da resina de árvores de uma planta conhecida como abeto.

Em carta a Don Rafael Sánchez, pouco depois de descobrir a América, o navegador italiano Cristóvão Colombo (1448-1506) narrou que, ao desembarcar no novo mundo, tinha encontrado nativos que mastigavam uma estranha borracha. Os colonizadores brancos descobriram o costume, que foi adotado por um bom número deles e não parou de crescer. Cinco séculos depois, no estado americano do Texas, arqueólogos encontraram esqueletos de humanos pré-históricos que tinham pedaços de uma resina grudada nos dentes.

Em 1848, John Curtis fez a primeira goma nos Estados Unidos quando cozinhou resina de abeto no seu fogão a lenha. Muito provavelmente era um produto à base de borracha o que criou o dentista William Semple, cuja função medicinal da goma era estimular a gengiva e exercitar a mandíbula. Ele patenteou a invenção precisamente no dia 27 de julho de 1869. Nascido em Monte Vernon, Ohio, ele adicionou em seu chiclete raiz em pó de alcaçuz e carvão, pois acreditava que estes itens ajudariam na esfregação dos dentes, fazendo-os ficar mais limpos e brancos. Não há registro de que ele chegou a comercializá-la, provavelmente porque era difícil de ser mastigado.

## Adams

Conta-se que, muito antes, em 1850, durante uma viagem ao México, o norteamericano Thomas Adams Junior (1818-1905) se interessou pelo látex "chicle" consumido pelos povos nativos que tinham sobrevivido ao extermínio promovido pelos espanhóis. Tratava-se de borracha macia obtida a partir do cozimento de um suco da sapota, árvore cujo látex contém 15% de borracha. Uma segunda versão diz que seu amigo Rudolf Napegy lhe trouxe de presente do México um pedaço de chicle, originário da arvora sapodilha. Os dois teriam fundado juntos a American Chicle Company. Adams Jr era o que se chamava na época de daguerreotipista, isto é, perito que trabalhava com uma forma primitiva de fotografia. Também ocupava suas horas vagas como inventor.

A história mais corrente e detalhada de Adams, porém, dá conta de que a goma lhe fora dada pelo ex-general mexicano Antonio de Padua María Severino López de Santa Anna y Pérez de Lebrón (1794-1876), o mesmo que se auto-proclamou ditador do México, depois de ficar famoso por ter vencido a batalha de El Álamo. Na sua batalha seguinte, derrotado e ameaçado de morte, assinou um decreto oficial que passava os estados atuais do Texas e Novo México para os Estados Unidos da América e pediu exílio ao governo do país ao lado.

Ex-presidente refugiado nos Estados Unidos e vizinho de Adams em Staten Island, Nova York, Santa Anna tinha o hábito de aliviar suas tensões com pedaços de chicle e, um dia, ofereceu um pedaço a Adams, que achou muito curiosa a mania do mexicano. Gostou da goma também, muito macia. Até então, Adams tinha tentado várias formas de ganhar dinheiro com seus inventos, mas nada dera certo. Embora o amigo tivesse falado da mania de seus compatriotas de mascar a goma, ele pensou em tentar outro negócio.

Em vez de fazer os americanos adotarem aquela mania esquisita de ficar mastigando sem engolir, decidiu misturar chicle e borracha para fazer pneus, brinquedos e botas de chuva mais baratos. Santa Anna acionou amigos no México, que mandaram para Adams uma tonelada da matéria-prima. Durante um ano, o vizinho trabalhou duro em busca da fórmula ideal. Não conseguiu. A borracha obtida por ele era mole demais, não tinha sustentação. E uma quantia imensa de chicle inútil acabou armazenada no seu depósito. Resolveu jogar tudo nas águas do East River. Não teve tempo de fazer isso.

Era o ano de 1869. Adams teve a sorte de entrar numa drogaria na Broadway e ver uma menina pedir cera de parafina para mastigar. Depois que a garota saiu, ele perguntou ao farmacêutico que tipo de goma de mascar a menina havia comprado. O homem respondeu que se tratava de um produto feito com parafina wax chamada White Mountain, recomendada por um dentista. Quando perguntou se poderia lhe trazer um outro tipo de goma de mascar para oferecer a seus clientes, mais macia e que durasse mais tempo na boca o vendedor concordou. Lembrou-se do que Santa Anna lhe tinha dito sobre o gosto dos mexicanos em mastigaram chicle. Por que não tentar fabricar gomas com o látex do país vizinho?

À noite, quando voltou para casa, pediu a opinião do filho Thomas sobre a ideia de criar um chiclete como faziam os maias. O garoto achou ótima e, com os outros três irmãos, enfiou-se na cozinha com o pai. Com a ajuda do filho, amoleceu o látex com água quente e depois sovou a massa para que ficasse macia. Em seguida, cortou o material em pequenos pedaços. Era uma goma pura de chicle sem qualquer sabor, que embrulhou em vários papéis coloridos de tecido. Tinham em mãos duzentas bolinhas na cor cinza e juntou todas numa caixa. Na caixinha, estampou em cores um quadro da Prefeitura Nova York. Logo as gomas ganharam um rótulo que trazia a inscrição "Adams New York Gum" – cujo slogan "estalar e esticar". Adams voltou à farmácia para oferecê-la como uma espécie de goma antiestresse. Bastava mastigar o chiclete para relaxar.

Tudo saiu para o comerciante por um dólar. Rapidamente, as 200 primeiras unidades foram vendidas a um centavo de dólar cada. Ou seja, um lucro de 100%. Os filhos se animaram com a ideia e começaram a circular pelo bairro para convencer as farmácias a colocar o produto na vitrine. A operação se estendeu por toda a região central de Nova York e outros bairros. Logo havia encomendas de mais de 300 caixas e Adams Jr contratou 25 operários. Nos anos seguintes, a família Adams visitou dezenas de cidades, com suas caixinhas de amostra grátis. Se o comerciante se interesse de imediato, tinha sempre um pequeno estoque para oferecer.

Além de "reinventar" um uso para a resina dos maias, Adams criou também uma máquina capaz de preparar goma de mascar em larga escala. Recebeu sua primeira patente em fevereiro de 1871, quando se tornou o dono da primeira fábrica de chicletes do mundo. Cinco anos depois, fundava a Adams Sons & Company, que daria origem à maior empresa de confeitos do planeta. Até isso acontecer, no século XX (depois de sua morte) ele trabalhou muito. Nesse ano de 1871, a empresa estava instalada na Vesey Street, em Nova York. Doze anos depois, ocupava uma quadra da Sands Street, no Brooklin. Por fim, estabeleceu-se na Murray Street, em Manhattan, antes de terminado o século XIX.

Nos primeiros anos, foi difícil convencer as pessoas a comprarem seus tabletes para somente mascá-los. Mas Adams tinha experiência como vendedor – representava uma empresa de alfinetes por atacado e viajava para estados distantes como Mississipi. E passou a levar sua goma. Quando tinha oportunidade, explicava pacientemente aos gerentes de farmácias que poderiam recomendar a seus clientes a massa como um relaxante que acalmava os nervos e reduzia o estresse. Se para alguns vender borracha para mastigar era uma maluquice completa, Adams se mostrou muito convincente e seu negócio prosperou.

A concorrência, claro, não demorou. Alguns anos mais tarde, John Colgan, proprietário de uma drogaria em Louisville, Kentucky, começou a vender uma goma de mascar que ele fez da cera de uma árvore de bálsamo e temperada com açúcar granulado. Tinha ouvido do sucesso do negócio de Adams e investiu 100 dólares em seu chicle. Assim, criou o Taffy Tolu, que caiu no gosto do público que frequentava seu estabelecimento. Logo, vieram compradores de outras áreas da cidade. Deu tão certo que ele vendeu a farmácia e investiu o dinheiro na construção de uma fábrica.

Um avanço na fabricação da goma de mascar ocorreu quando o vendedor de pipoca William J. Branco ganhou de um amigo um barril de chicle trazido do México – o mesmo látex usado por Adams. Ele descobriu como temperar a goma, o que o criador do chiclete não tinha conseguido ainda. Percebeu que o chicle não absorvia sabores, mas o açúcar sim. E combinou menta com xarope de milho e açúcar. Ao saber da novidade, Adams não perdeu tempo e conseguiu descobrir o segredo de Branco. Ele adicionou um pouco de licor e alcaçuz à pasta para torná-la mais atraente para o consumo. Em 1888, introduziu na mistura artificial de um sabor muito agradável que chamou de Tutti-frutti. Nesse mesmo ano, mandou instalar a primeira máquina automática de venda de chicletes numa estação de metrô de Nova York. Os americanos adoraram a ideia. E logo outras foram espalhadas em outros pontos do metrô.

Com a patente do chiclete com gosto de milho, em 1899, o ambicioso Branco convenceu os fabricantes importantes de goma Thomas Adams, William White, Dr. Beeman, P. J. Primley e S. T. Britten a se juntarem como sócios na American Chicle Company. Branco se tornou presidente e Thomas Adams, Jr. o diretor-geral. Dessa união sobreviveram marcas que atravessariam o século seguinte, como Jack Black e Beeman.

Mas foi graças a um outro sócio, William Wrigley, Jr. (1861-1932), fundador da goma Wrigley, que ficou estabelecida uma técnica de marketing que fez as vendas explodirem e transformaram o chiclete numa mania nacional americana. Ele tinha começado sua carreira de industrial no ramo de sabão. Como um incentivo extra para comerciantes comprarem seu sabão, ele ofereceu como cortesia porções de fermento em pó para bolos e pães. Quando o fermento se mostrou mais popular que os sabões Wrigley, ele trocou de ramo e foi fazer fermento. Um dia, Wrigley teve a ideia de repetir a estratégia e passou a dar um chiclete de brinde em cada lata de fermento em pó. Acertou na lata em todos os sentidos.

Adams morreu em 1905, aos 87 anos, e seus filhos e netos fizeram da American Chicle Company uma corporação de chicletes que se espalharia por vários países ao longo da primeira metade do século XX. A goma de mascar seria aprimorada a partir da mistura de resinas, cera de petróleo, látex e óleo hidrogenado. Depois, seriam acrescentados açúcar, xarope de glicose, corante, aromatizante etc. O resultado foi surpreendente e estabeleceu a fórmula que seria adotada e aprimorada nas décadas seguintes: ao ser mascada, a borracha soltava uma série de temperos com açúcar e sabor na boca, o que causava uma sensação de prazer degustativo.

## Guerras

Desde que Adams inventou o chiclete como negócio, o mundo nunca mais foi o mesmo. Acredita-se que as duas guerras mundiais – entre 1914 e1918 e de 1939 a 1945 – foram fundamentais para a massificação da goma, numa época de pouca fartura, quando mascá-lo ajudava a aliviar o efeito da fome. Em 1918, perto do fim da guerra, a Cruz Vermelha americana mandou 4,5 milhões de caixas de chicletes para a França. O produto foi usado para supostamente aplacar a sede – graças ao estímulo da produção de saliva – depois que o exército alemão, em retirada, envenenou muitos dos sistemas de água do país. Também ajudou a manter a boca e os dentes limpos, quando nem sempre se podia usar escova.

Ao mascar, também, os soldados se mantinham alertas e acredita-se que muitas vidas tenham sido salvas dessa forma. Dizia-se ainda que funcionava como terapia relaxante para o estresse diário de que as pessoas eram vítimas nos conflitos e também para evitar o congelamento do maxilar durante as longas e frias caminhadas ou emboscadas noturnas às quais os soldados eram submetidos. Nos anos seguintes à guerra, entre 1945 e 1949, Inglaterra, França, Bélgica e Itália começaram a importar uma média 2 milhões de dólares por ano – em valores da época – em chicletes dos Estados Unidos – um volume expressivo para a época. Até esse momento, longe dos campos de batalha, o chiclete era consumido principalmente por crianças e adolescentes e passava a ideia de algo completamente saudável. O hábito crescente, porém, despertou a atenção dos dentistas, que viram no açúcar da goma um perigo para a saúde dos dentes. A indústria respondia com a promessa de que a goma era muito boa para acalmar os "nervos".

Alguns fabricantes ampliariam o negócio do chiclete na primeira metade do século XX, até transformá-lo num lucrativo produto em todo o mundo. Não seria exagero dizer que a expansão econômica e ideológica dos Estados Unidos nesse período não teria sido a mesma se não existisse a goma de mascar. Um desses empreendedores foi Jacob Warren Bowman. Nascido em Ohio e criado numa fazenda no Novo México, teve uma vida intensa nos primeiros anos. Até os 21 anos de idade, havia sido "casado, divorciado e falido".

Trabalhou na Overland, uma agência de automóveis usados em Los Angeles e tentou ganhar a vida como transportador de troncos de mogno, com um amigo numa pequena embarcação. Durante uma viagem para Detroit, onde trabalharia numa fábrica de automóveis, ele conheceu um vendedor de chicletes e se interessou pelo produto.

Em um ano, Bowman havia se transformado num bem sucedido vendedor de chicletes Indian blanket deal e ficara sócio de uma fábrica em Lansing, Michigan, que vendia um chiclete chamado Ju-Ce-Kiss a um centavo. Em 1927, começou a sua própria fabricação, na Filadélfia. Dois anos depois, em 1929, lançou a goma Blony. O sucesso veio porque ele manteve o mesmo preço de todos os outros concorrentes – um centavo de dólar –, mas num tamanho bem maior. Na década seguinte, Bowman transformou sua empresa na maior do ramo nos Estados Unidos. E no Japão, também, onde a novidade caiu nas graças das crianças e no repúdio dos adultos. Ele também apostou no êxito das figurinhas – então comuns nas balas e chocolates – sobre o oeste americano, com mocinhos e índios. A primeira série teve 240 figurinhas.

Em números da época, crianças americanas entre 3 e 14 anos gastavam 4,5 milhões de dólares em chicletes, segundo dados do mercado divulgados pela associação dos fabricantes, em 1941. Mais de 20 companhias produziam, então, gomas no país. Com a entrada dos Estados Unidos na guerra, em dezembro daquele ano, a goma mais uma vez foi lembrada como útil no conflito. Com uma cota de 630 unidades para cada soldado americano, o chiclete foi levado aos mais distantes lugares do mundo – Borneo, Indonésia e até no Alasca. Crianças de todo lugar eram presenteadas pelos soldados com aquela borracha adocicada que eles mesmos mascavam. Muitos militares contariam depois que a goma não servia apenas para mascar. Havia sido útil para aproximá-los das crianças e dos adultos e para pequenos reparos em armas, equipamentos de rádio, tanques e até submarinos.

O consumo em larga escala da goma durante a segunda guerra fez com que os fabricantes enviassem para as forças armadas americanas mais de 150 bilhões de unidades. O chiclete, no entanto, por causa dessa demanda, praticamente desapareceu do país nessa época e deixou as crianças desesperadas por não mais poder consumi-las, de acordo com a história oficial de Adams. Era impossível atender aos dois mercados ao mesmo tempo devido à procura da resina natural. Além disso, a produção de açúcar era escassa – 60% de cada chiclete eram compostos de açúcar. O desaparecimento da goma fez o preço disparar. Chegaria, em 1947, a um dólar por chiclete.

A necessidade fez a indústria buscar uma alternativa: criar uma resina sintética. Como não era mais possível atender a demanda com o látex mexicano, a empresa substituiu a goma por uma cera parafinada derivada do petróleo. Com o avanço da indústria e da tecnologia, tinha sido possível desenvolver borrachas sintéticas, feitas em laboratórios e não mais extraídas das árvores, com o mesmo perfil de temperatura do chicle. As bases foram misturadas com açúcar e outros temperos para fazer um produto até bem melhor de mascar.

Com o fim do conflito, o consumo se normalizou. A importância que o chiclete ganhou como negócio podia ser medido no fato do importador de doces Andrew J. Paris ter sido uma das capas da revista *Life* de 1946. Ele tornara um herói das crianças por ter trazido 1000 toneladas de chicletes de quatro fabricantes mexicanos para abastecer o país durante a guerra. Na foto, ele aparecia com seu característico bigode e uma enorme bola de goma na boca. O título dizia que Paris era "Um homem de distinção" para as crianças. A goma havia melhorado sua reputação durante a guerra e seu consumo passou a ser mais tolerado. Tanto que as vendas cresceram 500% nos anos do conflito.

Até que, em 1947, uma estranha epidemia se espalhou entre crianças e adolescentes de todo país: dores de cabeça e garganta, além de vômito. Ninguém morreu, mas uma onda de boataria tomou conta do noticiário e se atribuiu a culpa ao consumo excessivo de chiclete. A U. S. Food and Drug Administration (FDA) iniciou uma investigação. Fez teste com voluntários, analisou a composição dos produtos e nada identificou de nocivo. E a epidemia desapareceu tão misteriosamente quanto surgiu.

Veio, então, a partir de 1947, a guerra fria entre capitalistas e comunistas, que se prolongaria até 1989. E o chiclete, que havia se tornado ícone da cultura americana na primeira metáde do século XX foi proibido nos países comunistas. Isso não impediu que a goma cruzasse clandestinamente o muro que dividia a Alemanha, construído em 1960. Nascia um mercado negro de chiclete – cada unidade no outro lado da Cortina de Ferro era vendida a trinta centavos de dólar. Na Checoslováquia, sete jovens começaram a produzir secretamente o produto, que chamaram de Breezy. Conseguiram manter a empresa até o governo descobrir e prender todos eles. Em 1957, finalmente, o bloco comunista sucumbiu e liberou seu consumo em alguns países. Polônia, Alemanha Oriental e Checoslováquia logo abriram suas próprias fábricas para fazer chicletes de bola. Mas faltava a capital do comunismo internacional.

Esse detalhe quase causou um incidente diplomático. Durante uma viagem à União Soviética, em 1959, o vice-presidente Richard Nixon e sua esposa Patrícia, num gesto inusitado, quebraram o protocolo e estenderam as mãos cheias de chicletes para as crianças que os recepcionavam. "Minha filha adora isso, ela masca o tempo todo", disse Patrícia a um garoto que supostamente teria chorado, com medo de aceitar o presente. Alguns anos depois, em 1965, os astronautas americanos da nave Gemini V, dentro da corrida espacial entre americanos e soviéticos, tornaram-se oficialmente os primeiros a mascarem chiclete no espaço. Poderia haver provocação maior dos americanos ao divulgarem esse feito? Nunca se soube, porém, o que eles fizeram depois com as gomas mascadas – teriam grudado sob um dos dentes?

A década de 1960, aliás, pode ser considerada um divisor de águas na história do chiclete em todo o mundo. Nesse período, o produto se tornou o que se poderia dizer de um "ícone pop", além de passar a ser consumido em larga escala como nunca se tinha visto antes. Explodia no mundo o fenômeno das figurinhas colecionáveis e as companhias descobriam, enfim, que a imagem de ídolos da música, do cinema e da TV ajudavam muito a vender. Um exemplo marcante dessa tendência foi a coleção Beatles Color Photos, lançada por uma fabricante inglesa. Nunca se vendeu tantas unidades de gomas por causa dos brindes até então.

Estima-se que cerca de 600 empresas em de 100 países fabriquem chicletes em todo o mundo, no começo do século XXI. Não existem estudos ou estimativas sobre o quanto em toneladas o planeta foi poluído com chicletes mascados e que tempo levariam para se desintegrar. E o Brasil está entre esses grandes fabricantes.

# CAPÍTULO 3

## O país da bola de chiclete

Em entrevista ao autor em 2002, o professor e pesquisador Antonio Pedro Tota, autor do livro *O Imperialismo Sedutor,* contou que, quando elaborava sua tese de doutorado sobre o processo de americanização do Brasil a partir de 1941, encontrou uma série de indícios sobre a chegada do chiclete no país, que teria vindo pela base americana de Natal, Rio Grande do Norte. Mas acabou por focar seu estudo em outros aspectos da relação entre os dois países. Por outro lado, recordou de experiências pessoais que dão uma pista sobre a pré-história do chiclete no Brasil. Criança no final da década de 1940, Tota costumava colecionar as figurinhas que vinham na goma Bazzuca, importada dos Estados Unidos. Com textos em inglês, uma dessas coleções completas permitia formar uma história em quadrinhos com o tema guerra. "A gente via os atores mascando nos filmes e tinha vontade de fazer o mesmo", contou.

No livro que escreveu para as comemorações dos 60 anos da Adams no Brasil, publicado em 2004, o escritor Ignácio de Loyola Brandão guardaria na lembrança uma história de sua infância atrelada ao chiclete que revelava o quanto a goma fascinou as crianças na década de 1940. Suas memórias remetiam ao fim da Segunda Guerra Mundial e ao chiclete, quando a empresa já distribuía a goma no Brasil. Por causa do conflito, contou ele, havia o que se chamava de *blackout* (ou blecaute) a partir de determinado horário como forma de economizar energia e até servir de treino para possíveis ataques aéreos de países inimigos – não se sabia de onde viriam e porque atacariam um país tão distante. "Adorávamos o blecaute porque, apesar das proibições dos pais, saíamos pelas ruas a gritar (ninguém nos reconhecia), fazer baderna e mexer com as meninas. Se bem que elas não colocam os pés para fora da porta; as mães não deixavam".

Como parte da diversão, Loyola e os amigos fabricavam lanternas a partir de latas de azeite, óleo de cozinha ou qualquer outra que conseguissem. Uma longa haste de arame formava o cabo que dava sustentação e mantinha a lata aquecida pela vela longe das mãos, para não queimar. Dava prestígio possuir lanterna porque conseguir vela não era fácil. "Os filhos do sacristão passaram a fazê-las, usado resto de cera das velas da igreja. Eles tinham (não se sabe como) um molde: derretiam a cera e fabricavam montes de velas, que então revendiam".

Cada vela custava dois Chicletes, o que era considerado um preço alto pela molecada. "Mas compensava, valia o sacrifício. Embora o dono do bar não entendesse porque a meninada comprava tanto Chiclets, ficava satisfeito". Segundo o escritor, meninos pobres saíam vendendo garrafas e jornais velhos para conseguir o dinheiro dos Chicletes, moeda para as velas. "De noite, às vezes, a polícia chegava e recolhia as lanternas. Dizia que era um perigo, se algum avião passasse, poderia bombardear a cidade orientado por aquelas luzes. Mas quem iria bombardear Araraquara se a guerra era tão longe?"

Não há registros sobre o começo da comercialização do chiclete no Brasil antes de 1944. Os colecionadores de figurinhas são uma das raras fontes a ter informações fragmentadas sobre o assunto. Eles acreditam que as primeiras marcas chegaram em pequenas quantidades durante a guerra e eram trazidas dos Estados Unidos. A primeira fábrica nacional foi instalada em São Paulo pela Adams, em 1944. Pela versão oficial da empresa, a American Chicle Company resolveu, como parte de sua política de expansão, aproveitar o programa de boa vizinhança dos EUA com a América Latina (um famoso *slogan* da época era "As Américas unidas, unidas vencerão!"). Decidiu, assim, implantar uma filial no Brasil. Depois de uma inspeção, São Paulo foi escolhida porque era uma grande cidade fabril. A Chicle Adams Ltda foi registrada na Junta Comercial sob o número 60.879. O documento dizia que a empresa era uma associação entre a American Chicle e os empresários brasileiros André de Faria Pereira Filho e João Pedro Golveia Vieira.

A unidade seria instalada na Avenida do Estado, que ligava a capital ao chamado ABCD Paulista (Santo André, São Bernardo, São Caetano do Sul e Diadema), área que começava a se industrializar, entre os bairros do Cambuci e Ipiranga. A avenida, então, tinha uma única pista, que margeava o Rio Tamanduateí. Enquanto as obras eram iniciadas e até serem concluídas, os Chiclets vinham dos Estados Unidos para o Rio de Janeiro, onde a Importadora e Distribuidora Bhering cuidava das vendas. A empresa não foi escolhida por acaso. Bem estruturada, era uma das fortes em seu segmento, com alcance nacional. Dentre os produtos que oferecia estavam o café e balas Toffee, muito populares.

A fábrica da Adams foi erguida pela construtora Christian Nielsen de acordo com a mesma planta adotada em todas as suas filiais mundo afora: seria prédio de dois andares que tinha o mesmo tipo de fachada, janela, acabamento, refeitório, linha de produção, banheiro. A obra levou um ano para ficar pronta. A direção, no entanto, percebeu que a produção nacional estimada não seria suficiente para suprir a crescente demanda e, por anos, um volume complementar foi enviado de navio dos Estados Unidos. As caixinhas amarelas (hortelã) e cor-de-rosa (tutti-frutti) logo se tornaram conhecidas entre os jovens – os mais velhos logo reagiram contra o que chamavam de "modismo americano".

Na fábrica, desde o começo, os americanos tentaram introduzir novas filosofias de produção que otimizassem a produção. Em entrevista para o livro da Adams, um funcionário não identificado contou que um diretor, por volta de 1947 (quando pedreiros ainda circulavam pelas obras da fábrica, fazendo acabamento), circulava com cronômetro para medir o tempo que levava até colocar 12 drágeas dentro de cada caixa. Assim, estabelecia uma previsão de produtividade.

Eram tempos também de certa ingenuidade e rigor ético. O tesoureiro dos primeiros tempos recordou que, na primeira vez em que foi ao banco com cheque buscar dinheiro para pagar o salário dos colegas, ficou assustado com a quantidade de dinheiro que lhe foi entregue em mãos por um funcionário do City Bank, na agência da praça Antonio Prado. O temor não era de ser assaltado no caminho, mas de como levar aquela montanha de notas colocadas sobre o balcão para quem quisesse ver. Ele, então, distribuiu os pacotes por todos os bolsos – internos e externos do paletó e nas calças. Inclusive os da capa de gabardine que estava usando. Para voltar, foi tranquilamente até a praça da Sé, onde embarcou no bonde sentido Ipiranga. No mês seguinte, mais prevenido, levou uma sacolinha para buscar o dinheiro.

Nos primeiros tempos, a Adams operou com dois diretores americanos e 30 operários brasileiros. Uma faxineira que havia trabalhado anos para uma família inglesa e passado depois por uma firma americana ficara encarregada de, além da limpeza, ser a intérprete entre a diretora e os funcionários. Umas primeiras funcionárias da empresa, entrevistada por Elizabeth Azevedo para o livro da Adams, foi Rina Brasaloni Germano, que nasceu e morava no Cambuci na época em que a fábrica foi construída. Rina recordou que, em 1944, ela e os amigos gostavam de passear pela avenida do Estado só para ver aquela construção nova. "O que vai ser?", indagou certa vez a mocinha a um dos pedreiros. Ao ouvir a resposta, exclamou espantada: "Fábrica de Chiclets? O que é isso?" O operário não sabia explicar exatamente do que se tratava: "Umas balinhas para mastigar", responderam.

Após a conclusão da obra, Rina soube que estavam contratando funcionários. Ela, que trabalhava numa fábrica de cachimbos na rua Barão de Jaguará, queria trocar de emprego, buscar novas oportunidades. Sem contar que a Adams ficava perto de sua casa. A garota e algumas amigas foram imediatamente ao local e todas saíram de lá empregadas. Afinal, a maioria dos contratados seria de mulheres. No começo, "não muitas, umas oito ou dez". Nada era automatizado. Rina contou ainda que o Chiclets era feito no andar de cima e embalado no térreo. Havia uma turma que ficava junto às esteiras, selecionando, tirando os tabletes que estavam "lascados" após a secagem da "casca" açucarada – uma espécie de controle de qualidade. Outro grupo colocava a goma pronta nas caixinhas, duas em cada uma. Em seguida, as mesmas eram coladas e seguiam para serem embaladas numa caixa maior que era, por fim, parafinada.

Em valores da época, cada operária recebia três cruzeiros por hora de trabalho. Diferente do outro emprego, Rina garantiu que gostava de trabalhar na Adams, achava que era bem tratada. Tanto que havia uma breve parada no meio da tarde para um café, o que era impensável na empresa anterior. As meninas, observou ela, ficavam encantadas pelos americanos, com seu jeito incompreensível de falar. "Um dos diretores era alto, loiro, muito bonito. A gente o chamava de Sr. Adams. O outro, Reinz ou coisa assim – não sei como se escreve. As mulheres ficavam de olho nos dois, mas eles não davam bola para nós". Para ela, era bom trabalhar na fábrica poque "tinha um cheiro doce, gostoso". O odor das gomas, aliás, fez com que as garotas da Adams ganhassem um apelido carinhoso: "as moças doces".

## Reinado

Quando a Adams chegou ao Brasil, suas caixinhas amarelas (hortelã) e rosa (tutti-frutti) tinham sido lançadas havia pouco tempo pela matriz americana e quase nada mudariam nas seis décadas seguintes. Aos poucos, o consumidor foi deixando de usar o termo português "goma de mascar" para adotar variações da marca "chiclete". E assim surgiu a palavra "chicletes" – com o acréscimo do "e" entre o "t" e o "s" finais de "Chiclets"–, que passaria a fazer parte dos dicionários a partir da década de 1950, graças à competência da publicidade promovida pela Adams, com bombardeio maciço de anúncios nas mais importantes revistas do país. Mesmo assim, aqueles foram tempos difíceis, de muita economia em todas as etapas de produção e de vendas.

Quando a cidade de São Paulo tinha mais de dois milhões de habitantes, no começo dos anos de 1950, a Adams decidiu romper a parceria com Bhering e distribuir e vender seus próprios chicletes. Até então, como a fabricante de chocolates Lacta era um nome muito forte e distribuída pela Bhering, muita gente pensava que a Adams era uma de suas divisões de produção. A lógica da companhia era de que se permanecesse atrelada a uma empresa terceirizada não conseguiria crescer e atingir as metas possíveis num mercado que tinha muito ainda para ser explorado. A filial brasileira concluíra que Bhering se limitava a vender as gomas, sem se preocupar com a divulgação nos pontos de venda ou mesmo aumentar a freguesia. Uma falta de interesse justificável, uma vez que tinha seus próprios produtos com o que se preocupar.

Para estruturar o departamento, a Adams começou a contratar funcionários com a dupla função de vender e promover seus chicletes junto aos comerciantes. Em suas saídas, deveriam tirar os pedidos, colar cartazes nos principais pontos-de-venda ou em lugares estratégicos de circulação e até desenvolver uma relação de camaradagem nesses locais, para que os produtos fossem melhor expostos. A turma da distribuição tinha, então, entre 48 e 72 horas para fazer a entrega. A orientação era atender no menor tempo possível. Internamente, a empresa também se estruturava, como relatou Ignácio de Loyola Brandão. Foi criado o departamento de recursos humanos, oferecido curso de inglês para os empregados e cada um era submetido a um treino em todas as áreas da fábrica.

Na primeira metade dos anos de 1950, a produção diária era de 20 mil caixas. Tudo continuava a ser feito manualmente. Aos poucos, encontrou-se alternativas mais baratas de produção. As gomas cruas, por exemplo, deixaram de vir dos Estados Unidos. Trazia-se a matéria-prima do estado do Amazonas, tirada da maçaranduba. Depois de lavada para eliminar as impurezas, era misturada ao látex trazido da Malásia – só anos depois, o departamento de pesquisa da Adams desenvolveria um látex nacional com materiais sintéticos que substituiriam as gomas naturais. Na etapa seguinte, entravam na mistura o açúcar e as essências.

Tinha-se uma massa que seguiria para os processos de laminação e corte. Não terminava aí. O produto ficava em repouso por 24 horas em salas climatizadas. Depois, seguiam para a sala de secagem. Lá, recebiam cobertura de malte de mel e cera – que formava a "casquinha" branca de cobertura. Acrescentava-se mais cera para dar o brilho e voltavam à secagem. "O grande desafio dos técnicos era reduzir cada vez mais esse processo, que foi de oito horas para sete, depois para seis, e lutavam para chegar a cinco e meia. Havia até prêmios, bônus para os operadores que conseguissem um tempo menor sem afetar a qualidade", observou Bandão.

Nessa fase de sua história, a Adams operava com três máquinas Redington automáticas para embalar as gomas, nas caixinhas com dois tabletes. Havia também semiautomáticas, operadas por mulheres. As caixinhas de 12 unidades, no entanto, eram preenchidas, fechadas e coladas com as mãos. Não era um trabalho dos mais fáceis porque a quantidade de cola, na urgência de embalar, muitas vezes era excessiva e o chiclete grudava na caixa. O consumidor abria e tinha dificuldades de retirar as gomas. O desconforto, às vezes, obrigava-o a rasgar a embalagem – algumas caíam nesse momento ou amoleciam pela ação do tempo. Como o dinheiro não parava de entrar, cada vez mais, entre 1953 e 1954, as instalações foram ampliadas pela construtora Christian Nielsen, a mesma que tinha erguido o prédio dez anos antes.

Por mais que os negócios continuassem a prosperar e a Adams levasse seus chicletes aos mais distantes pontos do país, um um fato curioso desafiou a compreensão da empresa em meados da década de 1950. Aconteceu o que se poderia chamar de um *boom* inesperado do consumo de chiclets. Pelo menos nas vendas. Os pedidos eram tantos que a empresa foi obrigada a aumentar a produção e a trabalhar 24 horas por dia, com turmas de três em três turnos, inclusive aos finais de semana e feriados. No pico das vendas, chegou-se a meio milhão de caixas por mês. A fabricante, então, desvendou o mistério: por causa da escassez de moedas que aconteceu naquele período, os comerciantes adotaram o Chiclets como troco. Observou-se depois que, embora a circulação de moedas tivesse se normalizado, muitos clientes ainda preferiam seus trocos em Chiclets, pois já haviam adquirido o hábito de mascar.

Com dinheiro em caixa, mais três empacotadoras Redington foram adquiridas em 1955. Um novo sabor tipicamente brasileiro foi testado: canela. Em vez de continuar a importar óleo de menta retirado da hortelã, a Adams financiou plantações do produto no Rio Grande do Sul. Parecia ser a solução, quando uma praga destruiu todas as fazendas bancadas pela fabricante. As importações voltaram. Enquanto isso, porém, um problema mais próximo aumentou: as enchentes do rio Tamanduateí que aconteciam todos os anos. Era um caos na empresa quando ocorriam. Tanto que levaram a matriz americana, perplexa, a pedir explicações detalhadas sobre o fato, que resultou num relatório, descrito como quase um estudo urbano-antropológico social sobre São Paulo.

A expansão urbana e industrial da região piorou ainda mais a situação da empresa. Além do crescimento do Cambuci e do Ipiranga, cidades próximas, antes isoladas e pequenas, como São Caetano do Sul e Santo André, passaram a crescer e a calçar e asfaltar ruas. Com o solo cada vez mais impermeabilizado, as águas acabavam sendo mais e mais canalizadas para o rio. Com os temporais, o Tamanduateí subia, alagava a avenida do Estado, depois as ruas do Cambuci e da Mooca. Tudo isso deixava a Adams ilhada, como relatou Loyola Brandão. "O barquinho da Adams ficou famoso, sendo até motivo de reportagem na matriz americana: era um bote de dois remos que retirava os funcionários na hora da saída, conduzindo-os a lugares secos".

Funcionários mais antigos não se esqueceriam do dia em que um supervisor, isolado na fábrica e cansado de esperar as águas baixarem, resolveu deixar o local a nado. Com o tempo, buscou-se soluções paliativas como a manutenção de um estoque de sacos de areia cuidadosamente armazenados para casos de emergência – ou seja, num possível alagamento da fábrica. Eram colocados juntos à plataforma de embarque de mercadorias, para segurar a água, numa operação de guerra. Nesses dias, acrescenta Loyola Brandão, a situação se tornava dramática. A energia elétrica tinha de ser desligada. Havia gerador, mas este parecia descansar nas emergências, quando era hora de funcionar. Uma das preocupações maiores era com a caixa de água, com capacidade para 200 mil litros, que ficava no porão. Quando uma enchente contaminava a água; a mesma era esvaziada, lavada e detetizada – o que consumia uma semana de esforços. Até que foram compradas bombas de sucção.

## Concorrente

A Adams reinou absoluta por quase uma década, apesar dos concorrentes importados que chegavam – como Buzzuca, que trazia o personagem de quadrinhos Joe Palooka como garoto-propaganda – a consumidores do Rio de Janeiro e São Paulo, principalmente. Em 1955, a Companhia Brasileira de Novidades Doceiras, dona da marca de sorvetes Kibon, lançou aquele que seria um dos chicletes mais populares do país nas cinco décadas seguintes, o Ping-Pong. Tratava-se de uma novidade: era o primeiro chiclete de bola fabricado no país, feito para crianças, com uma borracha mais flexível e elástica, que permitia fazer grandes bolas com a boca.

A Kibon era uma empresa de origem chinesa. Fora fundada na década anterior, na cidade de Xangai, por um empreendedor norte-americano chamado Ulysses Harkson. Por causa da Segunda Guerra Mundial, que agravou as tensões entre Japão e China, Harkson transferiu sua empresa para o Brasil, uma vez que o país estava fora da área de conflito. A companhia foi instalada na cidade do Rio de Janeiro em 1941, sob o comando de

John Kent Lutey. Inicialmente, adotou o registro comercial de Companhia Brasileira de Novidades Doceiras e aproveitou as antigas instalações – que foram alugadas – da falida fábrica de sorvetes Gato Preto, na base do Morro da Mangueira. Não demorou e os cinquenta primeiros carrinhos de sorvetes com a marca Kibon foram para as ruas nas cores amarela e azul vender seus picolés.

No verão de 1942, a empresa iniciou a produção de dois sorvetes que seriam os campeões de venda e atravessaria o século: o sorvete Eskibon e o picolé Chicabon. Antes que a década acabasse, os produtos Kibon tinham se tornado um sucesso na capital do Brasil. A partir de 1951, seus picolés ganharam os famosos palitos de madeira. E cada vez mais investiu em marketing para atrair as crianças. Dois anos depois, por exemplo, patrocinou um dos episódios do "Sítio do Pica-pau Amarelo", de Monteiro Lobato. Em 1955, estreou na televisão um programa próprio, *A grande ginkana Kibon*, que revelaria talentos mirins da dança e da música, enquanto promovia seus sorvetes, doces e a novidade do chiclete Ping-Pong. Em pouco tempo, a atração se converteu em líder de audiência da TV Record. Tanto que permaneceu nove anos no ar.

O Ping-Pong começou a se destacar pelo seu foco nas crianças. Além da capacidade de fazer bola que o chiclete da Adams não tinha, a Kibon apostou nas figurinhas numeradas e colecionáveis. Enquanto isso, a companhia explorou sua distribuição eficiente no mercado de sorvetes Kibon e doces para difundir sua goma de mascar. Logo, o Ping-Pong estava presente nas bancas dos baleiros de várias capitais e grandes cidades. As propagandas nas revistas infantis e de quadrinhos cuidaram de difundir a novidade por todo país, sempre com ênfase em informar que o consumdior podia fazer bolas. Ressaltava ainda que a goma deveria ser mastigada até perder o sabor e o doce, mas jamais engolida – não se dizia, porém, que se acontecesse podia trazia problemas digestivos, como acreditavam alguns médicos.

A Companhia Novidades Doceiras ficou sob o comando de Lutey até 1960. Nesse ano, foi vendida para a General Foods, grupo americano que importava café brasileiro. A marca Kibon foi preservada e expandiu seus negócios com a produção de ovos desidratados e congelados para a indústria de alimentos, além de balas, chicletes, chocolates, cereais e sucos em pó. Suas vendas durante o verão explodiam, fruto de muito investimento em marketing para mudar os hábitos de consumo dos brasileiros. Em 1962, começou a fazer promoções ligadas à copa do mundo de futebol que se tornaria uma tradição com o Ping-Pong. Nesse evento, porém, o foco foram os sorvetes, com a troca de palitos premiados por miniaturas plásticas de jogadores.

Enquanto isso, desde a década de 1940, a Adams investiu pesado na divulgação do seu chiclete como uma novidade que tinha importantes componentes medicinais. Em 1947, a Agência Record criou para a Adams seu primeiro garoto-propaganda, o brasileiro Zezinho, que apareceria durante pelo menos cinco anos em quatro séries de quadrinhos, com histórias de uma página cada, reproduzidas tanto em revistas infanto-juvenis (dentre elas, *Gibi Mensal*, editado por Roberto Marinho; e *Edição Maravilhosa*, de Adolfo Aizen) a revistas para adultos, como *O Cruzeiro* e *Seleções do Readers Digest*.

Dessa forma, a Adams soube explorar outro fenômeno tipicamente americano que seduzia e encantava as crianças brasileiras: as histórias em quadrinhos. Esse tipo de entretenimento havia sido trazido pelo editor Adolfo Aizen (1907-1991) para o país depois de uma longa temporada que ele passara nos Estados Unidos, entre agosto de 1933 e janeiro de 1934. Em 14 de março de 1934, Aizen lançou no jornal *A Nação* o *Suplemento Infantil*, um tablóide de quadrinhos e passatempos que logo ganharia independência editorial e o novo nome de *Suplemento Juvenil*. Aizen entraria para a história como pioneiro por ter difundido no país os modernos heróis americanos de aventura como Tarzan e Flash Gordon etc.

Em junho de 1937, Roberto Marinho (1904-2003), dono do jornal *O Globo* e que não quisera se associar a Aizen para lançar quadrinhos em seu diário, interessou-se pelo gênero e criou *O Globo Juvenil*, também em formato de suplemento de quadrinhos. Na década seguinte, os dois, mais Assis Chateaubriand (1891-1968), transformaram as historietas em quadrinhos – como eram chamadas na época os "comics" americanos – num negócio milionário, com tiragens que chegavam a 300 mil exemplares no final dos anos de 1940. Daí o interesse da Adams em usar os gibis para promover seu chiclete. A primeira campanha da empresa teve ao menos três histórias em quadrinhos. Com o título "As aventuras de Zezinho", o personagem era um menino de não mais que cinco anos que sempre aparecia nas situações mais inconvenientes para pedir chicletes ao pai.

Na coleção seguinte, o personagem aparecia maior, com cerca de dez anos de idade, em "Zezinho – o detetive X-Kletes". Dessa vez, eram histórias narradas com estrofes rimadas de quatro versos, como se fosse literatura de cordel. O pequeno herói virara um detetive astuto da agência X-Kletes, sempre enfrentando bandidos perigosos. Tudo acabava como pretexto para falar do quanto o Chiclete Adams o deixava "calmo". Numa delas, no velho oeste americano, teve de proteger um tesouro cobiçado por uma perigosa quadrilha. Ao final, a valiosa mercadoria nada mais era que barras de chiclete. Noutra, ele conseguia prender um ladrão que roubara a "fórmula mágica" de um produto valioso. No final, a revelação previsível: a fórmula do chiclete da Adams. Nas outras histórias, Zezinho enfrentou "A casa fantasma", "O grande cientista" e "No far-west".

A terceira série teve 11 historinhas e se chamava "Zezinho percorre o mundo". A primeira narrava uma viagem no navio Veloz. O herói pretendia viver a experiência de cruzar a linha do Equador. "Zezinho, vitorioso em todas as aventuras, resolveu viajar pelo mundo para observar coisas interessantes e contá-las à nossa petizada... Aqui está ele de partida no 'Veloz', entre tantas que leva...", dizia a introdução. Levava sempre, claro, chicletes, "seu companheiro inseparável". No navio, ele foi submetido ao "batismo do mar", uma brincadeira imposta a todos os marinheiros que atravessavam a linha imaginária do Equador, aquela que divide a Terra em dois hemisférios. Tudo acabou em Carnaval e o menino, claro, saboreando seus chicletes.

A parada seguinte foi Veneza, onde passeou de gôndolas e apresentou a cidade aos leitores, enquanto mascava seus chicletes. Na Escócia, Zezinho apresentou os hábitos culturais do país, como a saia masculina e a gaita de foles. No Saara, fez uma viagem de camelo. Ainda no continente africano, esteve no Congo Belga e ficou cara a cara com os pigmeus. Depois de comer banana assada com mandioca com eles, encantou os nativos com seus chicletes. De volta à Europa, passou pela Holanda e seus moinhos de vento e seguiu para o Panamá, onde visitou o canal, uma das maiores obras de engenharia do mundo. No Alasca, falou de curiosidades, como o fato dos esquimós medirem, em média, pouco mais de um metro e meio de altura. Todos, é óbvio, adoravam experimentar os chicletes Adams. De lá, Zezinho seguiu para a Polinésia, onde se aventurou pelos mares do sul. Por fim, retornou ao Brasil. Durante o último voo, ele recebeu da comissária de bordo os "deliciosos chicletes, seu companheiro inseparável de viagem".

Foram ao menos outras dez aventuras na última série do personagem. "Zezinho, o bamba da pelota", jogou futebol no Brasil, na Inglaterra, na Itália, na África e "até debaixo d'água". Em 1952, por causa dos Jogos Olímpicos realizados em Helsinque, na Finlândia, a Adams transportou Zezinho para diversas práticas esportivas, uma em cada história. Depois de bater bola em todo o mundo, ele trocou o futebol por outros esportes como basquete, atletismo, boxe, remo e até touradas. Narradas com estrofes rimadas, essas pequenas aventuras sempre acabaram de forma parecida, com o herói vencedor da competição e com os chicletes numa das mãos. Não existem registros sobre a autoria dos textos e dos desenhos – só a certeza de que eram feitos no Brasil. Não havia periodicidade, mas sempre apareciam ao menos novas aventuras do herói no decorrer de cada ano.

Na segunda metade da década de 1950, com o aparecimento dos chicletes Ping-Pong, a Adams trocou Zezinho por "As aventuras de Chico Chicletes", um astuto garoto com seu inseparável boné em gomos. Ele sempre apresentava os chicletes especialmente como um importante estimulante contra o cansaço e o desânimo. O novo herói teve ao menos cinco historinhas dessa vez. Nos anos seguintes, a empresa também criou histórias em quadrinhos de personagens avulsos, sem lhe dar nomes. Algumas dessa fase foram publicadas em cores na contracapa dos gibis da RGE, Ebal (como a coleção *Edição Maravilhosa*) e da Editora O Cruzeiro.

A Adams se voltava para o público adulto com propagandas em revistas para essa faixa de público que mostravam o produto como uma novidade revolucionária que prometia efeitos bem próximos dos medicamentos farmacêuticos. Os anúncios apelavam para benefícios à saúde (tanto para adultos como para crianças) sobre os quais haviam somente suposições. As "Aventuras de Chico Chicletes", também publicadas em *O Cruzeiro* era exemplar nesse sentido. Nelas, invertia-se o papel e o filho ensinava aos pais. Numa das histórias, o menino dizia para a mãe que seu pai fumava porque deveria estar nervoso. E sugeriu chicletes a ele porque "acalma os nervos e devolve a alegria".

Em outro episódio, ao ver um amigo cansado, sem conseguir continuar numa partida de futebol, Chico lhe ofereceu chicletes Adams, que supostamente dava aos consumidores de todas as idades e sexos "novas energias". Se o problema era desânimo, dizia ele, a goma devolvia a alegria, dava "nova energia" e refrescava a boca. Alguns reclames pareciam exagerar ainda mais: ao andar pelo deserto com um amigo, Chico lhe deu chicletes para aliviar a sede. Numa historinha avulsa, com personagem anônimo, um lutador de boxe ganhou uma luta depois de colocar a goma na boca, porque acalmava e aumentava sua "resistência". E, assim, os consumidores acreditavam, pois mascavam cada vez mais chicletes.

Ao que parece, a Adams recorria a artistas de cada país onde produzia suas gomas de mascar para criar publicidade em forma de histórias em quadrinhos. Basta lembrar que, na Argentina, por exemplo, a companhia publicou anúncios nesse formato com a série "Aventuras de Chic Lets, el famoso detective". Lá, porém, não foi difícil identificar o autor das histórias não assinadas graças ao traço inconfundível do humorista e editor Guilhermo Divito (1914-1969), criador da revista de humor *Rico Tipo*, em 1944. O personagem era uma espécie de Sherlock Holmes, famoso detetive criado pelo escritor inglês Arthur Conan Doyle (1859-1930) como mesmo boné e cachimbo que seriam suas marcas registradas. A cada caso resolvido, ele pede como pagamento uma caixa de clicletes Adams, claro.

## Astros

Em 1954, um ano antes da chegada do Ping-Pong ao mercado, a multinacional americana mudou sua estratégia e partiu para promoções mais ousadas e caras. Em vez das ingênuas histórias em quadrinhos – que continuariam a sair nos gibis –, tentou ampliar seu público consumidor na faixa adulta com a contratação de atletas e artistas famosos da música e do rádio, que passaram a emprestar sua imagem aos Chicletes. Numa propaganda de 10 de julho de 1954, publicada em *O Cruzeiro*, por exemplo, o técnico de futebol Zezé Moreira (1917-1988) recomendava Chicletes Adams porque evitava o ressecamento da boca durante os jogos. "Em provas atléticas ou no seu trabalho diário, evite você também o desagradável ressecamento da boca e da garganta", prometia a propaganda da Adams.

Para Francisco Carlos, "o cantor namorado do Brasil", Chicletes Adams refrescava e suavizava a boca e a garganta. O mesmo anúncio, publicado em 15 de janeiro de 1955, prometia em seu bordão que a goma mantinha "os dentes brancos criando sorrisos francos". E para não deixar dúvidas sobre a diferença da marca em relação à concorrência das marcas estrangeiras, cada publicidade trazia sempre embaixo a mensagem: "Uma delícia que só a Adams fabrica".

Ainda em 1955, num anúncio da revista *O Cruzeiro*, publicado em 25 de junho, o comediante Oscarito (1906-1970), então a maior estrela dos filmes de chanchada da Atlântida, do rádio e da TV, mascava Adams porque "com Chicletes e bom humor... a vida tem mais sabor!" Logo abaixo, um texto informava, como se fosse da autoria do artista: "É uma arte difícil fazer rir, mas é fácil manter um sorriso deslumbrante com os deliciosos 'Chicletes'. Porque 'Chicletes' refrescam a boca e clareiam os dentes. Viva sua vida com mais sabor... alegria e bom humor mascando sempre os deliciosos 'Chicletes'!"

> # CAPÍTULO 4
>
> A consagração do negócio

A década de 1960 começou com a Ping-Pong literalmente na boca da maioria das crianças com seus chicletes de bola. Enquanto a Adams atraía todas as faixas de público, principalmente jovens e adultos, o chiclete da Kibon ampliava seu nicho entre crianças e adolescentes. A concorrente americana levava desvantagem, uma vez que sua goma, embora saborosa, não fazia bolas. A Ping-Pong focava suas promoções diretamente para a garotada e, ano a ano, consolidava-se como líder nessa faixa de público. Suas campanhas publicitárias eram estampadas principalmente nos gibis. Num dos slogans, o nome do chiclete aparecia cercado de meninos que sopravam grandes bolas pela boca: "Na cartilha... a bola pula; no futebol... é chutada; com Ping-Pong, porém, bola é para ser soprada".

A mesma publicidade trazia uma curiosidade: embora os brasileiros tivessem adotado o termo chiclete para denominar goma de mascar, a fabricante a Kibon não podia usar a palavra "chicletes", que era marca registrada da Adams do Brasil. Assim, chamou inicialmente seu produto de "bala de mascar". Agora, mudava para "chicle (uma das denominações em inglês) de bola". Como aquele tipo de chiclete era uma novidade, a fabricante teve uma boa ideia: bastava que o leitor das revistas em quadrinhos como *Almanaque Mindinho 1957*, da Ebal, por exemplo, enviasse o cupom impresso no rodapé da última capa para a fabricante, que receberia gratuitamente em casa uma amostra da goma.

A Adams foi, aos poucos, sentindo-se incomodada pelo Ping-Pong, apesar de sua produção anual crescer com índices superiores ao do aumento da população brasileira. Simplesmente a empresa não tinha um produto para competir com a Kibon. Mesmo assim, em meados da década de 1960, a empresa produzia cerca de seis milhões de caixas por ano, com capacidade para chegar a 7,5 milhões. O parque industrial passou a abrigar uma impressora da marca Almapress, que reproduzia em três cores e cortava as embalagens. A comercialização, entretanto, continuava a ser o principal desafio e se tornou prioridade para a empresa. Para se ter uma ideia, até então não havia escritórios em nenhum estado do país, somente equipes de vendas em São Paulo, Rio de Janeiro, Belo Horizonte e Porto Alegre. Nos outros, as vendas ficavam sob a responsabilidade dos distribuidores locais exclusivos ou se recorria ao sistema de revenda.

A precariedade no sistema de promoção e vendas criava situações absurdas e até inacreditáveis. Como reuniões de vendedores na agência de Correios em Porto Alegre ou no restaurante Manara, na rua da Constituição, 26, Rio de Janeiro – onde o dono gentilmente anotava os pedidos feitos por telefone, uma vez que o número do local era oferecido aos atacadistas e varejistas. Em Belo Horizonte, os vendedores se encontravam todos os dias às 17 horas, na avenida Afonso Pena, sob a sombra de uma árvore que ficava em frente ao Cine Brasil. "Muitos vendedores não entendiam aquela situação precária, sabendo que por trás estava uma grande empresa, de renome, com um produto que cobria todo território nacional", observou Ignácio de Loyola Brandão.

O esquema improvisado funcionava assim: o distribuidor mandava uma pessoa buscar os pré-pedidos, chegava o supervisor e discutiam-se os problemas e as ações que seriam feitas no dia seguinte. Cada um apanhava os cartazes de que necessitaria, juntava os *displays* e partia para a luta. Os *displays* eram armações de aramado onde se depositavam as caixas. Cada vendedor suava para carregá-los numa das mãos, enquanto segurava sua pasta na outra, além de cartazes equilibrados debaixo do braço. Por isso, não levava mais do que três. Nenhum deles tinham carro. Assim, usavam ônibus. Essas estratégias, colocadas em prática sem nenhuma infraestrutura, fez da Adams uma pioneira em adotar expositores armados em pontos-de-venda.

Outra mudança de estratégia foi perceber que era preciso um trabalho de conscientização, não só do vendedor, como também, e sobretudo, do varejo. Este deveria "aprender" a comercializar melhor, tanto o chiclete Adams quanto tudo que comercializava em seu ponto. Os vendedores, então, eram orientados a conversar com os varejistas.

Enquanto isso, o tempo mostraria que a aquisição da Adams em 1964, pelo grupo Warner Lambert – multinacional farmacêutica que abria sua divisão de confeitos – seria fundamental para essa mudança de mentalidade. Não só isso. Seria impulsionada a expansão da empresa, graças à sua visão profissional e moderna de tocar o negócio. Além de dar início a esse projeto, concluir-se que era necessário o lançamento de novos produtos para ter poder de fogo e enfrentar o Ping-Pong – em duas décadas de Brasil, a Adams se restringira a apostar em seus "Chiclets".

A Warner Lambert adotou a filosofia de que era preciso diversificar e dar opções múltiplas para o consumidor. Assim, com um amplo catálogo, aumentava a chance de agradar diferentes públicos. Tanto que, pouco depois, saiu o Tablete Adams, que era o tradicional Chiclets, só que embalado em tiras, nos sabores hortelã, tutti-frutti e, algum tempo depois, menta. A Adams mandou para o mercado o Mini-Chiclets – na verdade, foi anunciado inicialmente como Chiclets Mirim, mas teve de mudar de nome porque existia no Rio um amendoim registrado com o nome Mirim e a empresa carioca acionou a Adams na justiça. No início, as mini-gomas eram vendidas em embalagem de papel. Por causa da umidade que absorvia, porém, foi trocada por celofane.

O terceiro produto testado pela companhia foi batizado de Stick Moranguinho, cuja produção mais cara tornou seu preço menos competitivo e logo foi retirado do mercado. Os dois primeiros também saíram de circulação, depois de alguns anos, quando foram perdendo gradualmente a força nas vendas. Os investimentos elevados em publicidade ajudaram a manter a força do Chiclets. Ninguém menos que Roberto Carlos foi contratado. Na propaganda, o maior nome do movimento da Jovem Guarda aparece em forma de silhueta (sombra), apontando para o Chiclete Adams. O cartaz ficou famoso no imaginário popular na época, espalhado por bares, padarias, armazéns, quitandas e lanchonetes de todo país. No seu programa, na TV Record, Roberto parava em certa altura e proclamava: "Está na hora do nheco-nheco-nheco!" Referia-se, claro, ao ato de mascar seus Chiclets Adams.

## Ploc

Por mais de uma década, o Ping-Pong reinou quase sozinho junto às crianças no segmento de chicletes de bola. Até que, em 1968, antigos funcionários da filial brasileira da americana General Foods, então dona da Kibon, criaram uma empresa de sucos em pó, doces e chicletes, a Q-RefresKo, que lançou as marcas Ki-Suco e Ploc. Ambas se tornariam dois fenômenos de venda da década de 1970. A Kibon respondeu no mesmo ano com uma nova "goma de mascar", Twist, que trazia uma novidade no segmento de bola: em vez de um só tablete, finas tiras de chiclete embrulhadas por um fino papel "vegetal".

O produto faria história por causa da sua preciosa e inusitada coleção de figurinhas. A goma saiu um ano antes do lançamento, em junho de 1969, do tablóide *O Pasquim*, marco no humor nacional e no jornalismo alternativo de resistência à ditadura militar. Ziraldo, Fortuna e Jaguar, no entanto, já eram nomes conhecidos em todo país pelas páginas das revistas *O Cruzeiro* e *Senhor*, além do jornal *Pif-Paf*, que circulou em 1964. E foi esse trio de humoristas quem cuidou dos geniais cartuns, que formaram as figurinhas Twist. As embalagens eram impressas em uma única cor: verde (hortelã) e vermelho (tutti-frutti). Outra curiosidade era que os cartuns vinham impressos num dos lados da embalagem e não dobrados internamente, em volta do tablete. Pela coleção do editor e quadrinhista Franco Rosa, foram lançadas pelo menos 47 estampas com humor inteligente e politicamente incorreto.

Com Ping-Pong e Ploc como principais competidores, a Adams procurou se armar de todas as formas. Finalmente, em 1971, montou seu primeiro escritório no Rio de Janeiro, na rua Carolina Machado, 160, bairro de Madureira. Os vendedores passaram a contar com um telefone para receber os pedidos e falar com os atacadistas e varejistas. Na verdade, tratava-se de apenas uma sala com uma secretária, contratada para atender telefonemas e anotar recados. Um diretor não identificado lembrou depois o discurso de "inauguração" do local: "De hoje em diante, todos devem atender o telefone dizendo: Warner-Lambert, Bom dia"". Não podiam mais falar "Chiclets Adams". Mas a companhia percebeu que não deveria abrir mão da marca, tamanha a força que havia conseguido no mercado.

A Warner Lambert estabeleceu um novo sistema de vendas para otimizar ainda mais seu negócio: a pronta-entrega. Ou seja, o vendedor saía com um estoque de chicletes e entregava a quantidade desejada no momento do pedido. As primeiras equipes fizeram uma experiência no Rio de Janeiro. Depois, o esquema foi estendido a Porto Alegre e Belo Horizonte. Numa terceira etapa, cobriu os estados do Paraná, Santa Catarina, Espírito Santo, Brasília e Mato Grosso do Sul. O sistema se consolidou no decorrer da década de 1970. Ao mesmo tempo, ajudou na expansão dos negócios e consolidou a Adams no mercado. Foram tempos de sacrifícios aqueles. No esforço de implantação da pronta-entrega, havia funcionários que ficavam até três meses fora de casa, percorrendo largas extensões do país.

No começo da década, mais uma tentativa de emplacar novo produto Adams naufragou. Para competir com Ping-Pong, mais uma vez, a companhia acreditou ter encontrado a fórmula perfeita com o Bola Adams, lançado nos sabores, hortelã, tutti-frutti e banana. Além de fazer bola, a goma trazia uma inovação revolucionária: flocos com sabor embutidos na massa que, à medida que a pessoa mascava, explodiam e renovavam o gosto. O que a empresa não contava foi um erro estratégico de promoção. O consumidor infantil não soube do segredo dos flocos. Antes do rompimento destes, ele se assustava e dizia que tinha "areia" dentro do chiclete. As mães também estranharam e evitaram seu consumo. Por causa das baixas vendas, a Adams retirou os flocos e manteve a goma tradicional – só que não foi possível manter o mesmo preço do rival. Além disso, não havia como competir com Ping Pong somente com uma simples massa. O Bola Adams ainda sobreviveu por quatro anos mesmo com prejuízo, pois a empresa acreditou que precisava de tempo para consolidá-lo. Em 1975, deixou de ser fabricado.

Nessa mesma época, a Adams finalmente deu o tiro certo, não com chiclete, mas pastilhas. Com o slogan "O alívio refrescante", lançou Halls, cujo sucesso só foi possível graças à teimosia do fabricante em dar chance ao mercado para descobrir seus produtos. Tudo começou em 1970, quando o segmento de dropes era dominado pela Dulcora, com suas balinhas quadradinhas "embrulhadas uma a uma". Halls não foi uma criação nacional. A Warner Lambert já tinha testado o produto e obtido ampla aceitação nos Estados Unidos e na Europa, quando decidiu trazê-lo para o Brasil. Dessa vez, o departamento de marketing tomou uma medida preventiva: antes de importar o equipamento e fabricar o produto, fez uma pesquisa de mercado. O resultado não foi dos mais animadores: somente 40% aprovaram Halls.

Mesmo com o índice considerado baixo, a companhia resolveu arriscar, com base no que aconteceu nos países onde era fabricado: depois de resistirem por algum tempo, os consumidores se tornaram fiéis à marca, não substituindo por nenhuma outra. Em outro dado relevante favoreceria a Warner Lambert. A Drops Dulcora, com 80% do mercado, só fazia balas com sabores de frutas, leves e bem adocicadas. Não usava, portanto, mentolado. Para surpresa da multinacional, a Dulcora quebrou e abandonou o mercado antes do Halls chegar aos pontos de venda, após altíssimo investimento nos chocolates Formula 1 e Formula 2, que fracassaram. Mesmo assim, havia ainda grandes estoques de Dulcora, mais barato, a Adams amargou um começo difícil com o Halls. Mesmo assim, foi em frente, contra as expectativas do mercado.

A lógica da Adams era diferente: sua pastilha pertencia a uma categoria diferenciada e inédita no Brasil. A Adams sabia que o problema estava na aceitação de um produto incomum, moderno. Era um dropes de sabor forte, era necessário esperar para criar o hábito. As primeiras unidades chegaram aos pontos de venda em 1971. Donos de padarias, bares e quitandas o experimentavam e jogavam fora. Diziam: "Isto é horrível", referindo-se ao sabor forte de menta. Ao final de um ano, o produto tinha uma fatia mínima do mercado: 3% no Rio e zero no resto do Brasil. Houve um relançamento no Rio e os vendedores foram convocados para uma operação de guerra nos pontos de venda. Impôs-se o conceito de que Halls trazia alívio para as irritações na garganta e era bom para a respiração – mas com o cuidado de não ter conotação farmacêutica. Deu tão certo que, a partir de 1973, metade do que a Adams vendia era Halls.

As tentativas de consolidar novos produtos se estenderam aos chicletes. Azedinho Doce, por exemplo, era uma goma de mascar em tiras, que ficou conhecida como Moranguinho. Não pegou. Mas um outro sim. E como. Seu nome: Dentyne. Tanto que, em 1974, a revista *Doce Mercado* elegeu a goma de mascar como o mais importante lançamento do ano no segmento. O produto se tornara um sucesso porque conseguiu convencer o consumidor de sua utilidade na limpeza dos dentes após as refeições. Até aquele momento, diz a história oficial da empresa, nenhum produto da Adams tivera tanta rotatividade nos pontos de venda quanto Dentyne. "Era chegar e acabar, repor e acabar".

Um comercial da agência MacCannn Erickson – muito criticado pelo mau gosto – mostrava um casal a jantar num restaurante. Quando terminava a refeição, um homem apanhava o copo, enchia a boca de água e bochechava. Vinha o comentário do narrador de que essa era uma atitude anti-higiênica. Cortava-se e na tomada seguinte entrava a mensagem: "Não é preciso chegar a esse ponto, agora existe Dentyne". O anúncio foi tão impactante que as vendas dispararam. Qual não foi a surpresa da direção da Adams quando o Exército Brasileiro incluiu o chiclete em seu kit de sobrevivência para soldados. A cúpula militar concluiu que o produto era ideal para limpeza bucal durante o treinamento de campo. Os comandos de Belo Horizonte e Brasília passaram a comprar milhares de caixas. Dentyne ganhou os apelidos de "ração de soldado" e "goma de mascar do Exército".

## Anos de 1980

A Adams teria na década de 1980 seu melhor e decisivo momento para se tornar a maior fabricante de chicletes do país, impulsionada pelo lançamento de dois mega-sucessos: Trident e Bubbaloo. O primeiro começou a ser vendido em 1981, com a novidade de não conter açúcar em sua fórmula. Tornou-se pioneiro do que seria denominado de linha "diet" no Brasil. A empresa antecipava um estilo de vida que dominaria o mundo nas três décadas seguintes, graças à preocupação com o corpo, os regimes e as dietas. Desde a segunda metade da década de 1970, teve início uma tendência de se preocupar com o corpo e Adams apostou nisso.

Surgiam as academias de ginástica e o hábito de correr e fazer exercícios físicos. Eram formas de combater a obesidade e os efeitos do colesterol no organismo – e a tudo o que podia afetar o coração e as artérias. Loyola Brandão contou que, na época, existiam na Argentina e no Chile duas gomas de mascar com as mesmas características do Trident, Beldente e Bictie. A Adams acreditava que as mesmas não demorariam a ser vendidas no mercado brasileiro e resolveu se antecipar e se posicionar nesse segmento, mesmo que, no início, as vendas não fossem grandes. O desafio seria estabelecer o costume junto ao consumidor, fazê-lo mudar um comportamento convencional sem parecer que era uma goma de caráter farmacêutico.

Havia um argumento favorável à companhia do ponto de vista de marketing: vender a ideia de que havia uma goma de marcar que não prejudicava os dentes, por não conter açúcar – ao contrário, protegia, tinha uma fórmula desenvolvida especialmente para isso, depois de anos de pesquisa. As vendas medianas, abaixo das expectativas, levaram a empresa a empenhar esforços para melhorar os resultados. Não foi feito, porém, grande investimento em mídia. Optou-se por promover o Trident pelos métodos tradicionais dos pontos de venda, como adesivos e cartazes de banca. E, mesmo assim, o produto foi se impondo no decorrer dos anos. Quanto mais a gordura do corpo entrava em debate e as pessoas aderiam a dietas, mais o chiclete vendia. A febre posterior de produtos *diet* e a proliferação das academias de ginástica na década de 1990 só vieram favorecer o Trident, que ampliou seu espaço.

Bubballoo, na verdade, foi relançado em 1982. Fora até então o maior fracasso da Adams, tamanha as expectativas e os investimentos em pesquisas. A goma tinha sido mandada para o mercado em 1976, dirigida ao público infantil. Seu formato no primeiro momento foi de tubinhos arredondados com sete pastilhas cada. Seu diferencial estava no líquido saboroso que "explodia" na boca no momento da mordida. Algo, porém, estava errado na fórmula: a massa era "mole" demais, não tinha consistência suficiente para conter o líquido interno. Como eram transportadas em Kombis, sob o sol forte, depois de um dia inteiro, as gomas ficavam aquecidas e vazavam o líquido. O resultado eram embalagens manchadas, gosmentas e inutilizadas – cheias de formigas, muitas vezes.

O preço relativamente alto para criança e adolescente também não ajudou. E o Bubbaloo acabou retirado de circulação seis meses depois de seu lançamento. A Adams, no entanto, apostava no conceito e não parou de experimentar modificações na fórmula. Enquanto isso, lançou em seu lugar o Clarks, uma goma de mascar numa embalagem com duas unidades que pareciam um travesseirinho. Seu objetivo era concorrer com o Plets, da Kraft-Suchard – o produto viria a ser adquirido pela Adams. O último lançamento da década de 1970 foi o Fresh-up, goma de mascar para adultos com recheio líquido nos sabores hortelã, tutti-frutti e menta. Como observou Loyola Brandão, a goma nunca alcançou grandes vendas, mas obteve consumidores fiéis, com venda sempre constante e segura, os mesmos números se confirmando a cada quinzena, a cada mês. Tampouco teve grande divulgação.

E veio 1982. E a volta triunfal do Bubbaloo. Agora, no formato que o fabricante chamou de "almofadinha" e não tijolinho, como os demais. Acreditou-se que o chiclete pegou porque, tinha embalagem nova e mais atraente, permitia fazer bolas grandes, oferecia textura macia e trazia no centro um líquido frutado que tornava a goma mais saborosa, diferente de tudo o que havia no mercado. "As crianças transformavam no mais puro prazer e concentração o ato de trincar a massa com os dentes e sentir o líquido se espalhar pela boca. O produto se revestia de certa magia", escreveu Loyola Brandão. O lançamento do chiclete foi realizado em São Paulo. Fez tanto sucesso desde o primeiro momento que os atacadistas compraram enormes quantidades, mesmo sem propaganda, sem exibição.

O Bubbaloo era, realmente, uma novidade no mercado brasileiro de gomas de mascar. Se em 1965 os Chiclets Adams eram jogados da marquise da TV Rio sobre o público que saía da versão carioca do programa Jovem Guarda, o mesmo foi feito 20 anos depois. Só que de forma um pouco diferente: nas tardes dominicais, o Programa Legal, do apresentador Gugu Liberato, no SBT. Para promover a nova goma, cujo slogan era "A nova geração do chiclete de bola", o apresentador abria caixas e caixas, enchia a mão e jogava o produto para o público, o que levava o auditório ao delírio. Enquanto isso, Gugu falava com entusiasmo do sabor, do recheio, do aroma, da alegria. Era o "momento Bubbaloo", que cada vez mais dominava o Brasil.

O famoso porta-voz ou mascote do chiclete, conhecido como "Bubba, The Cat", era um personagem desenhado – não se sabe quem o idealizou –, só surgiu cinco anos depois, em 1987, como estratégia para cativar ainda mais o público infantil. O carismático e descolado gato de óculos escuros e gravata apareceu pela primeira vez em um comercial televisivo na Inglaterra – feito por encomenda da Warner Lambert – e logo se tornou querido. Enquanto isso, outros lançamentos também marcaram a década de 1980 na linha de gomas de mascar: Gemini, Dynamits, Tesouritos e Bublets – o único que durou mais tempo e cumpriu sua missão de concorrer com Ping-Pong. A última novidade foi o Chiclet Action, no sabor anis, que, apesar do sucesso no Sul do país, também saiu de linha em 1988.

## Concorrência

Embora não tivesse o poderio econômico e de marketing da Kibon e da Adams, a Q-Refresko cresceu rapidamente ainda no final da década de 1960 e abocanhou na primeira metade da seguinte uma boa fatia do mercado. Afinal, seus fundadores conheciam como poucos o mercado de doces, chicletes e sucos. Durante quase duas décadas, até a chegada do rolo compressor chamado Bubbaloo, o chiclete Ploc foi o maior concorrente do Ping-Pong. As duas rivais apostaram principalmente no apelo comercial das figurinhas para atrair os consumidores infantis. Os anos de 1980 seriam marcados pelo auge da acirrada disputa pela liderança do mercado entre as duas, com muitas promoções diferenciadas e criativas.

Uma campanha marcante da Ploc aconteceu no começo daquela década, com o sorteio de jogos Atari, que se tornaria a marca líder da primeira geração de videogames. O produto havia sido criado em 1977, nos EUA, e começou a ser vendido no Brasil em 1981 por grandes magazines como Mappin, que importaram o produto, mas logo surgiram os similares nacionais Dynavision e Dactar. Oficialmente, o Atari só seria lançado no país em setembro de 1983, pela Polyvox, empresa do grupo Gradiente. Na promoção da Ploc, além do aparelho, o vencedor levava três cartuchos com jogos diferentes. A promoção durou seis meses e incrementou significativamente a venda de chicletes – os anúncios ocupavam a última capa dos gibis da editora Abril.

Em 1986, a Ping-Pong realizou uma ousada campanha também marcou época junto às crianças: sorteou nada menos que 30 mini-carros de corrida da categoria Fórmula 1 e 30 uniformes de pilotos. A promoção veio no embalo das conquistas dos campeonatos mundiais de 1981 e 1983 por Nelson Piquet – ele também levaria o título daquela temporada. Os carros andavam mesmo, movidos a gasolina. Como dizia o anúncio estampado nos gibis e nas bombonieres, quanto mais embalagens fossem enviadas, mais chances os candidatos tinham de levar um carro.

Com a explosão do consumo de chiclete no Brasil, a partir da década de 1970, empresas multinacionais se voltaram para o país, como a argentina Arcor, que chegou em 1981, quando adquiriu a Nechar Alimentos Ltda. A multinacional fora fundada no dia 5 de julho de 1951, na cidade de Arroyito, Província de Córdoba, Argentina. No decorrer de décadas, construiria um catálogo com mais de 1.500 produtos entre os quatro segmentos em que é especializada: guloseimas (doces e chicletes), biscoitos, chocolates e alimentos. O grupo investiu em maquinário, equipamentos, reformas e construções de novos prédios no Brasil nos 20 anos seguintes.

A fábrica de Bragança Paulista, inaugurada em 1999, por exemplo, recebeu investimentos de aproximadamente US$ 50 milhões e passou a produzir em média mais de 13 mil toneladas de produtos. Outra fábrica do grupo fica em Rio das Pedras. Os doces produzidos no Brasil eram também exportados para 12 países em quatro continentes. Além de balas e chicletes, a Arcor passou a fazer bombons, tabletes, ovos de Páscoa e panetones. O faturamento em 2000 atingiu R$ 170 milhões no mercado interno e R$ 45 milhões das exportações. Para se ter uma ideia do seu crescimento anual, em 2001, o bruto foi de R$ 270 milhões, sendo R$ 200 milhões provenientes do mercado interno e R$ 70 milhões em exportações. No ano seguinte, chegaria a R$ 350 milhões. Nos seis anos posteriores, porém, a empresa deixou de divulgar seus números, embora continuasse em segundo lugar no segmento.

Aliás, a posição da Arcor no mercado nacional tem uma singularidade. A empresa era líder com 40% nas regiões Norte e Nordeste, no começo do novo século. Isso foi conquistado na década anterior graças a uma estratégia de penetração em regiões de baixo poder aquisitivo. "Fazemos produtos bons, com preços bons", justificou Jorge Conti, em entrevista de 2002 ao autor deste livro. Segundo o diretor, essas áreas tinham uma concentração demográfica elevada de meninos que eram o público-alvo da empresa. Consumia-se ali 30% acima da média nacional, com cerca de 500 gramas per capita. "Não existem explicações claras sobre isso, acreditamos que tem a ver com os investimentos que fazemos em *merchandising* há muito tempo". Outra peculiaridade em relação às duas regiões era o número expressivo de consumidores de doces e chicletes com mais de 50 anos. Na ocasião, a empresa anunciou para 2003 o investimento de cerca de R$ 120 milhões para aumentar a oferta de seus 200 produtos e atingir 20% do mercado dois anos depois.

Outro grande produtor de chicletes no começo da primeira década do século XXI era a Sukest Indústria de Alimentos e Farma Ltda, com 8% do mercado em 2002. Naquele ano, a empresa divulgou investimento de US$ 1,5 milhão na ampliação da produção de gomas de mascar. A partir de julho, o volume foi aumentado de 500 para 800 toneladas. A meta era ampliar a participação no mercado para 15% até o final de 2003. Um ano antes, havia aplicado US$ 2 milhões na montagem de uma divisão química para matéria-prima de sorvetes. Seu forte, porém, eram os chicletes. Em 2009, a fabricante mantinha uma linha com nove tipos de gomas: Festball Recheado, Gummers, Megaball, Spin o Chicle Girls Tattoo, Spin o Chicle Tattoo: Série Vermes, Spin o Chicle Tattoo: Cicatriz 2, Spish, Splow! e Spooky.

A Sukest é uma empresa nova. Foi fundada por Moussa Tobias, em 1987. Seu projeto inicial era a produção de refresco em pó e o fornecimento de "itens de qualidade a preços competitivos", como informa seu institucional. Na década de 1990, a companhia tinha três linhas fabris: refresco em pó, goma de mascar e ingredientes para fabricação de guloseimas – como ácido fumárico e até base para chicletes. Com distribuição em todo o território nacional, tem entre seus produtos mais conhecidos os refrescos Sukest e o chiclete Spin. Além de distribuição em todo país, a companhia exportava em 2009 para mais de 20 países da Europa, África e América.

## Diversidade

Os anos de 1990 foram uma década rica em lançamentos para todos os grandes fabricantes de chicletes no Brasil. Nunca a concorrência foi tão acirrada. Em 1991, por exemplo, a Adams investiu sete milhões de dólares numa mega-campanha para colocar no mercado o Xuclets, uma goma de bola da apresentadora infantil Xuxa Meneguel. Com o produto, a empresa esperava crescer 5% num ano ruim, devido à crise financeira provocada pelo fracasso do Plano Collor, um pacote econômico radical que incluía o confisco da caderneta de poupança para se combater a inflação. O que se viu em seguida foi alta taxa de desemprego e sufocamento das indústrias.

Com a criação do bloco econômico do Mercosul – formado por Brasil, Argentina, Uruguai, Paraguai e Chile –, em 1991, a Adams viu na medida uma forma de estender sua área de atuação. Nesse ano, a empresa faturou expressivos faturou 130 milhões de dólares. A situação, porém, piorou muito para a empresa por um fato extraordinário e inesperado. Em 1990, quando se implantou no país o Código de Defesa do Consumidor, a Adams foi das primeiras empresas a adotá-lo. Só que, apoiada na crença de que fazia produtos de consumo imediato – compra-se e usa-se logo –, imprimiu-se nas embalagens a validade de oito meses, mesmo sabendo que o produto poderia durar até dois anos. Como não se considerou o tempo gasto entre a fabricação e a venda final dos produtos, que era longo, quando estes chegavam ao consumidor, as datas de vencimento estavam apertadas.

Loyola Brandão conta que as consequências do pioneirismo foram duras. A empresa passou a se defrontar com devoluções maciças, porque os produtos estavam "vencendo". Foram recebidos e destruídos mais de 5 milhões de *displays*, o que causou para a Adams um prejuízo nunca visto em toda a sua história. Tentou-se incinerar o material recebido, mas a goma grudou nas paredes dos fornos, e foi preciso buscar outras soluções, pois nunca tinha acontecido esse tipo de necessidade. Nada do que a empresa fabricara até então havia voltado. A situação só se normalizou quando os prazos nas caixinhas foram estendidos para dois anos. Por causa dessa confusão, a companhia se viu obrigada a fazer uma macro-reestruturação, com muitas demissões.

Em 1994, com o lançamento do Plano Real, pelo presidente Itamar Franco, o otimismo voltou à Adams. No ano anterior, a fórmula do Chiclets tradicional havia sofrido alterações para se adequar ao padrão internacional da empresa. O aroma do hortelã, porém, permaneceu imutável. O bem sucedido Bubbaloo recebeu roupagem "globalizada" e ganhou novos sabores regularmente – no final da década, seu catálogo incluía uva, banana, manga-pêssego, lima-limão, pêssego-uva e tangerina. Ao completar dez anos, em 1994, o Bubbaloo ganhou uma campanha na TV para anunciar as novidades abacaxi e cereja, embalado pela canção "Summer nights", do filme Grease – nos tempos da brilhantina, de 1978, com John Travolta e Olivia Newton-John.

Outro que passou por reformulação foi o Mini Chicletes, transformado em goma de bola para se consolidar junto às crianças. As embalagens ganharam brincadeiras para divertir os pequenos consumidores. Com o aumento da concorrência, a ideia de ocupar espaços estratégicos levou a Adams a criar produtos novos. Um deles foi o Clorets, lançado em 1996 (dez anos antes, ele tinha sido testado em Curitiba sem grandes resultados), tanto no formato pastilha quanto chiclete. A novidade foi vendida como um neutralizador dos odores da comida, bebida e cigarro. Assim, depois da refeição, bastava recorrer ao Clorets, que trazia o Actizol, desenvolvido pela empresa na Inglaterra para refrescar o hálito. "Deixe a sua boca falar bem de você", foi o slogan da primeira campanha do produto.

No ano de 1994, havia planos da Adams de construir no Brasil uma mega-fábrica para todo o mercado latino-americano. O projeto incluía o fechamento das unidades de Escobar, Cumbica e da pioneira na avenida do Estado – que, naquele ano, recebeu o certificado de reconhecimento da Cetesb, pelo rígido controle dos efluentes lançados no rio Tamanduateí. A companhia adquiriu um amplo terreno em São José dos Campos, interior paulista, na margem da Via Dutra, onde o empreendimento seria erguido. A Adams já ocupava a posição de líder absoluta do mercado de balas e chicletes, graças a uma reforma profunda na comercialização de seus produtos.

De acordo com a história oficial da companhia, narrada por Ignácio de Loyola Brandão, esses foram anos de decisões e reestruturações, que alavancaram a empresa para o futuro, preparando-a para o século XXI. O escritor recordou que, em 1991, numa reunião com todas as diretorias da empresa no Hotel Intercontinental, no Rio de Janeiro, elaborou-se um plano estratégico para cinco anos, quando a Adams deveria se transformar na melhor empresa em *merchandising* do Brasil, com grandes investimentos em recursos humanos e em farto material para os pontos de vendas. Em 1994, outro plano pretendia levar aos produtos da empresa uma cobertura de varejo que chegasse a 200 mil pontos de venda em todo país por meio da terceirização de representantes comerciais. O esquema deu certo.

Entre 1994 e 2000, a Adams passou de uma centena de vendedores diretos, chamados *merchandisers*, que cobriam 30 mil pontos de venda, para 800 vendedores indiretos (em geral, indicados pelos distribuidores), que cuidavam dos 200 mil almejados. O gigantismo da Warner Lambert se refletia no modo de gerenciamento adotado, semelhante às grandes empresas do mundo. Tanto que, para fazer amplo diagnóstico e revisão de toda a cadeia de produção, distribuição e venda, montou-se equipes que se desdobraram na elaboração de projetos, com assessoria de consultorias internacionais. A meta, segundo a Adams, era a de sempre: melhorar, atualizar processos e estruturas para obter a excelência.

E vieram as modificações, com revisão de planejamento, reestruturação da organização interna, modernização da produção etc. Investimentos foram feitos em tecnologia de ponta e novos departamentos criados. Priorizou-se, principalmente, novas e mais efetivas maneiras de atuar junto ao consumidor. Uma preocupação constante era saber como essas mudanças chegavam ao cliente. A informatização se tornou uma ferramenta indispensável nesse sentido. Com sistemas e logísticas avançados, dados que antes levavam semanas para chegar tiveram seu tempo reduzido para um dia e, depois, a algumas horas. O Serviço de Atendimento ao cliente, então, foi repensado, com mais velocidade de ação.

Enquanto se planejava a construção da superfábrica em São José dos Campos, em 1999, a Warner Lambert comprou a divisão de confeitos da Kraft, empresa multinacional com uma história de quase dois séculos, que crescera por meio de fusões com algumas das maiores fabricantes de doces do mundo. A marca tinha chegado ao Brasil em 1996, quando adquiriu a Lacta. A Kraft se tornara anos antes dona das marcas Ping-Pong, Ploc, Plets, Jujuba, Delicado, Big Bowl, Bala Soft, Lanche Mirabel e Dulcora, todos produzidos no bairro do Limão, em São Paulo, e na unidade de Bauru, interior paulista. Esses produtos eram grandes competidores da Adams.

A potencialidade do mercado nacional de chicletes continuou a atrair o interesse de grupos estrangeiros nos primeiros dez anos do novo século. Em junho de 2000, por exemplo, a Perfetti, maior fabricante italiana de balas e gomas de mascar, inaugurou sua primeira unidade no continente americano, na cidade de Vinhedo, interior paulista. Foi um começo discreto pela dimensão internacional do grupo. A fábrica passou a operar com capacidade para produzir 30 mil toneladas de doces por ano. Sua meta, a médio prazo, porém, era disputar a liderança do mercado com a inglesa Cadbury (que comprou a Lambert em 2003 e passou a se chamar Cadbury Adams). Em março de 2001, foi a vez de a mexicana Bimbo anunciar a compra da Plus Vita, do grupo Bunge Internacional. Com 75 fábricas, em 15 países, e vendas de US$ 3,3 bilhões anuais, a Bimbo produz pães, massas, doce de leite e chicletes.

Os fabricantes tiveram de diversificar seus produtos para sobreviver com tanta concorrência. Em diferentes períodos, surgiram formatos e tipos de gomas e figurinhas que encantaram e marcaram gerações de consumidores. Já na década de 1980, surgiram os tipos sem açúcar, com novas cores, sabores e formatos para o público adulto. Em 1982, por exemplo, a Adams lançou o Trident, chiclete ultra-macio diet em pequenos tabletes. O produto chegaria a 2009 com líder absoluto no seu segmento. Em 2004, passou por uma remodelação e ganhou uma identidade mais moderna. Dois anos depois, a marca atingia um histórico de sucesso sem precedentes que praticamente havia matado as tradicionais marcas Ping-Pong e Ploc, agora da Candbury Adams. "Para se ter uma ideia da importância deste produto, especialistas em Marketing no Brasil concordam que a história da goma de mascar em terras tropicais se divide em antes e depois do chiclete: afinal de contas, o Bubballoo cativou não só as crianças, como também os jovens e adolescentes", diz o site Mundo das Marcas.

A concorrente Arcor chegou a 2009 com mais duas mil toneladas diárias de seus produtos comercializados e 120 países compradores dos cinco continentes. Eram 15 linhas diferentes de chicletes entre recheados, azedinhos, pastilhas, bola e formato de ovo, assim divididos: linha infanto-juvenil (Poosh!, Ben 10, Tuttibol, Big Big, Big Big BIG, Big Bolão, Bolin, Kriptonita, Língua de Múmia, Garrafinha, Fanáticos do Futebol, Turma da Moranguinho, Malhação, Huevitos, Simpsons, Huevitos Ben 10) e a linha jovem/adulto (Top Line, Flics, Flics IceBall). O chiclete Poosh era o único a ter casquinha crocante, tamanho grande, recheio líquido e figurinhas com temas "supermodernos ligados aos momentos que você está vivendo", como informa o institucional da empresa.

O principal destaque do mercado brasileiro a partir da década de 1990 foi o ousado e surpreendente destaque que a Riclan alcançou com uma agressiva estratégia para promover o chiclete de bola Buzzy. Empresa nacional com sede na cidade de Rio Claro, interior paulista, em 2009, a Riclan dividia sua principal marca em quatro séries – Buzzy Barbie, Buzzy´n Roll, Buzzy Hot Wheels e Buzzy Pucca – todas no formato de "rolo", com cards para colecionar. Ao todo, eram nove tipos de "chicles", como a empresa prefere chamar suas gomas de mascar.

Sua história teve início na década de 1940, quando Dona Irene Teixeira começou a fabricar balas em sua própria casa e vendê-las na estação ferroviária para os passageiros da Companhia Paulista de Estradas de Ferro. O sucesso dos doces lhe permitiu fundar a IG Teixeira. Em 1963, a ainda pequena fábrica recebeu novos investimentos. Partiu para fazer pirulitos e mudou de nome para Fábrica de Balas São João. Naquela década, sua produção chegou a 1,5 tonelada de produtos vendidos por dia em todo país. Segundo sua história oficial, a estratégia adotada pela empresa para conquistar novos mercados e oferecer produtos de qualidade fez com que, em 1973, uma moderna fábrica com 30 mil m2 fosse inaugurada.

Até esse momento, seu nome continuava a ser São João. Em 1978, iniciou a produção de chicles de bola. Nasceu, então, a marca Buzzy. Nos 20 anos seguintes, consagrou ainda no segmento as linhas Freegells, Pocket, Pop Mania, Gomutcho, Energy Mix e TNT. Em 2003, foi instalado um moderno centro de distribuição em Rio Claro que ocupou uma área de 200 mil m2. Em 2009, da Riclan saíam 240 toneladas para todo o território nacional e mais de 80 países como Estados Unidos, Inglaterra, Bélgica, China, Austrália, México e Argentina.

## Mortes

A Adams trocou pela segunda vez de dono no Brasil, quando a multinacional Pfizer Consumer Group comprou a divisão de confetes da Kraft Lacta Suchard Brasil em 1999. Imediatamente, a empresa passou a preparar a divisão de confeitos para a venda, o que aconteceu em 2003. Nesse ano, a Adams passou finalmente a integrar a Cadbury – que incorporou o nome tradicional ao seu nome fantasia – Cadbury Adams. Somente no Brasil a operação envolveu aproximadamente 90 milhões de dólares – foram adquiridas todas as 45 fábricas de chicletes e doces em todo o mundo. Um pouco antes, para espanto do setor, a Adams passou a comercializar num mesmo chiclete, a partir de abril de 2002, as outrora mais fortes marcas do segmento de chicletes de bola, Ping-Pong e Ploc. Nascia o bizarro "Ping-Pong-Ploc". O objetivo, disse a empresa na época, era reduzir os custos de logística e marketing.

A Cadbury viu no setor um negócio com grande potencial. De imediato, promoveu uma reformulação ampla e radical da companhia no Brasil e fez grandes lançamentos de produtos e mudanças nas embalagens. O Trident teve seu cardápio ampliado e ganhou novos sabores – nada menos que cinco: citrus, maçã verde, maracujá, morango e freshmint. Bubbaloo também foi diversificado, com a produção do Bubbaloo Tri, nos sabores iogurte de morango e melancia. Em 2002, foi lançado o Bubbaloo mousse de limão, que inaugurou a tendência mundial das gomas de mascar com sabores cremosos.

No ano seguinte, numerosos lançamentos: Trident White, que prometia branquear os dentes; Clorets sem açúcar e Clorets menta polar. Halls ganhou sistema "abre fácil" e nova embalagem, assim como Trident e Clorets (embalagem blister). Era a guerra declarada da Cadbury Adams ao avanço demolidor dos chicletes produzidos pela Arcor e pela Riclan. Clorets Sugar Free e Menta Polar entraram no mercado em 2003, mesmo ano em que Halls e Vita-C passaram a ser vendidos em versões individuais, entrando para a categoria "para recepcionar". Ou seja, servidos na casa do consumidor aos amigos e visitas, consultórios, balcões etc. Clorets teve sua embalagem alterada por sugestões de consumidores ao SAC: eles alegavam que a caixa se abria e as pastilhas caíam no bolso ou na bolsa.

Em janeiro de 2004, a Cadbury resolveu separar o Ping-Pong do Ploc. Parecia ser a revitalização das duas mais famosas marcas de chiclete brasileiras do século XX. Não foi o que se viu depois. Em vez de figurinhas, a nova versão do Ploc veio com personagens diversos impressos na embalagem externa, o que empobreceu ainda mais o produto e irritou os colecionadores de figurinhas. Ping-Pong ressurgiu com os sabores banana, tutti-frutti, hortelã e morango. Para o lançamento da coleção Hulk – com a goma verde, de hortelã, claro –, desenvolveu-se também o sabor laranja.

A Cadbury Adams se mantinha à frente do mercado em 2009 como líder absoluta das vendas em todos os segmentos de chicletes – para adultos e crianças. Sua fábrica localizada numa área de 32 mil m² na cidade de Bauru, São Paulo, é considerada uma das mais modernas da América do Sul. Empregava cerca de mil pessoas. A maior parte da produção estava concentrada nas marcas Trident, Halls, Chicletes e Bubbaloo e era destinada ao mercado nacional. Parte da produção seguia para países como África do Sul, Colômbia, Estados Unidos, entre outros. Além da fabricação dos produtos, a indústria de Bauru contava com uma série de programas de proteção ao meio ambiente, como a Estação de Tratamento de Efluentes [resíduos industriais gerados no processo produtivo] e coleta seletiva de lixo em cada linha de produção. Dessa forma, os resíduos não-orgânicos (como o plástico das embalagens) eram descartados de forma correta, e enviados para reciclagem.

Em 2008, para comemorar os 40 anos do Ploc, a companhia lhe deu nova roupagem. O produto ícone da década de 1980 estampou personagens baseados nas crianças entre oito e 12 anos, público-alvo da marca, habituadas a navegar na Internet. A embalagem do chiclete vinha ainda em cores brilhantes para atrair olhares no ponto-de-venda. O produto chegou às lojas em agosto, exposto em *displays* de 60 unidades e nos sabores hortelã/menta e tutti-frutti. Em julho do mesmo ano, a Ping-Pong, que continuou a distribuir figurinhas, iniciou uma coleção baseada no filme *Kung Fu Panda*, um dos maiores sucessos do cinema na atualidade, que se arrastou nos primeiros meses do ano seguinte. Estranhamente, as mesmas figurinhas continuavam a ser vendidas em abril de 2009. Ou seja, dez meses depois, quando a média das coleções era de 90 dias.

Boatos do mercado davam conta, então, da intenção, não confirmada, de que o chiclete seria tirado de linha. O descaso da fabricante com duas marcas tão fortes no passado podia ser notado nos produtos, vendidos a dez centavos cada, fabricados na Argentina, e embalados com papel de baixa qualidade. As duas se tornaram um desafio para os consumidores em dois aspectos: encontrá-los para comprar e abrir a embalagem para consumo. Não raro, o papel grudava na goma e se rasga no menor esforço, o obrigava o consumidor a mastigar a chiclete com pedaços de papel grudado. O problema era pior no Ploc que, sem a figurinha, aumentava a aderência do papel na goma. O sabor também não era mais o mesmo e a borracha costumava esfarelar na boca.

Ping-Pong e Ploc – que em 2002 ocupavam 50% do mercado infantil, enquanto a Arcor ficava com 25% – não tinham mais qualquer expressividade em 2009. Enquanto fontes do setor diziam que o propósito da Cadbury Adams era matar as duas marcas e priorizar apenas o Bubbaloo, havia indícios de que pelo menos a companhia foi incompetente em sua estratégia para manter Ploc e Ping-Pong no topo das gomas de bola. "Mantivemos nosso preço a R$ 0,10, quando todos cobravam R$ 0,05 e perdemos mercado", disse o então diretor de marketing Marcel Sacco ao jornal *Valor Econômico* em 2006. "Mas, recentemente, a indústria não conseguiu manter o patamar dos R$ 0,05 e estamos reconquistando nossa participação", acrescentou.

# CAPÍTULO 5

## Como o chiclete rimou com banana

Quando começou a ser comercializado no Brasil, na década de 1940, o chiclete já tinha se tornado um ícone da cultura americana em vários países mundo afora. Servia principalmente para os críticos da política imperialista dos Estados Unidos mostrarem o quanto o mercantilismo capitalista poderia ser superficial e fútil – o chiclete, portanto, era um exemplo disso. Como dar crédito a um país cujos habitantes tinham o hábito de passar horas por dia mastigando um pedaço adocicado de borracha como animais ruminantes? Mas isso não era o mais grave. Esse ritual tido como abominável se tornara uma poderosa máquina de fazer dinheiro junto às crianças. Mas a indústria americana não quis nem saber e começou a difundir suas gomas para todo planeta.

A história do chiclete no Brasil, entretanto, passa por um episódio quase desconhecido – revelado em parte pelo autor deste livro num dos capítulos da obra *Glória in Excelsior*, organizado por Álvaro de Moya e publicado pela Imprensa Oficial do Estado de São Paulo, em 2004. Trata-se de um episódio perdido da participação do Brasil na Segunda Guerra Mundial que permite afirmar com alguma convicção de que o chiclete realmente desembarcou no país a partir da pequena cidade de Barreiras, no extremo oeste da Bahia, próxima ao estado de Goiás e a 800 quilômetros de Salvador. Chegou com outra invencionice americana que também seria incorporada à cultura brasileira no decorrer das décadas seguintes: o copo descartável – a princípio, de papel, na cor parda.

Uma curiosa história que começou no ano de 1937, quando a companhia aérea americana Panamerican Airways Sistem, dona da Panair do Brasil, iniciou a construção de um aeroporto com capacidade para receber voos internacionais na Bahia, que seria um ponto de parada na rota Rio de Janeiro com cidades do Norte e Nordeste e Miami, sudeste dos Estados Unidos. Embora tivesse sido fundada no começo do século anterior, Barreiras tinha, então, apenas pouco mais de dois mil habitantes no final da década de 1930, quando os americanos chegaram para construir o aeroporto.

Localizado no chamado "Polígono das Secas", o município está a 435 metros de altitude, numa região de relevo montanhoso, com extensas serras de até 700 metros de altura, em média, a cidade começou a se desenvolver às margens do Rio Grande, no ponto de confluência com o Rio das Ondas. Fundada em 1929 como subsidiária da norte-americana New York-Rio & Buenos Aires Line Inc, a Panair havia sido comprada em outubro do ano seguinte pela Panamerican, mas continuou a operar com o acréscimo "do Brasil" em seu nome. O interesse da companhia em montar um ponto de apoio na Bahia surgiu da necessidade de expandir seus serviços para capitais do Nordeste e estabelecer uma linha regular para os Estados Unidos. Com um sistema de orientação de navegação, Barreiras seria o epicentro da rota Rio-Belém. Como os aviões DC usados pelas companhias eram menores e não tinham autonomia de voo, precisavam parar depois de determinada distância para reabastecer. E Barreiras se tornou importante nesse sentido.

Em 1937, a Panamerican fazia o voo diário internacional Miami-Rio de Janeiro-Buenos Aires. As escalas eram realizadas em Montes Claros (MG) e Carolina (MA). O aeroporto de Barreiras, portanto, ficava no meio do caminho e faria do local um ponto estratégico importante para a empresa. Todo o planejamento e coordenação das obras ficaram sob a responsabilidade de engenheiros e técnicos americanos. Moradores da cidade estimaram depois que pelo menos uma centenas de "gringos" tinham vindo para a Bahia e muitos tinham o curioso hábito de mascar gomas – que costumavam gentilmente oferecer aos nativos. Poucos se arriscaram a experimentá-las no primeiro momento.

O local escolhido pela Panamerican foi à direita de um córrego que margeava a cidade – e próximo de onde seria erguido depois o Hospital Municipal Eurico Dutra. Os primeiros aviões que desceram na pista de terra batida eram da marca Beachtcraft, que trouxeram diretores da companhia americana para fazer a vistoria da região. Os executivos, no entanto, não aprovaram a escolha e decidiram que a pista definitiva ficaria na Serra do Mimo. Mudaram de ideia, no entanto, quando um deles sofreu um acidente de carro grave quando se dirigia para o local. E a primeira pista foi mantida e finalizada.

O aeroporto começou a operar ainda em 1938, quando todos os americanos foram levados de volta ao seu país. Depois de guerra, o local ganharia uma importância relevante para a companhia. Todas as linhas interioranas do país que ligavam Norte, Nordeste e Sudeste obrigatoriamente passariam pela cidade baiana. Antes disso, porém, o lugar sofreu uma incrível reviravolta por causa da guerra.

A historiadora e pedagoga Ignês Pita, autora de vários livros sobre a história de Barreiras, guarda em seus arquivos um tesouro sobre a experiência da Panair na cidade que lhe foi doado pela família de Sabrino Dourado, três vezes prefeito local e um entusiasta que ajudou na construção do aeroporto. Ela também recolheu depoimentos por escrito de ex-funcionários, recortes de jornais que contam a chegada de uma comitiva de duas empreiteiras americanas encarregadas da obra, para pedir ao prefeito Abílio Wolney um terreno para construção da pista. O acervo inclui até a coleção das revistas publicadas pela Panair nas décadas de 1940 e 1950. Ela guardou ainda folhinhas e calendários distribuídos pela companhia a seus clientes e uma série de fotografias do começo das obras e de funcionários em operação com os rádio-transmissores.

Os registros revelam que existiram não um, mas dois aeroportos em Barreiras num espaço de apenas três anos, entre 1938 e 1940. O primeiro foi construído pela Panamerican e inaugurado em 1938. A pista tinha capacidade para receber apenas voos domésticos. José Matos Areias, que participou da construção do aeroporto, não se esqueceu dos nomes dos primeiros desbravadores encarregados da obra. Segundo ele, o grupo americano encarregado foi chefiado pelo engenheiro russo George Ruchim. A parte braçal da construção da obra ficou com os pedreiros e serventes locais – muitos deslocados da lavoura. Havia, de acordo com ele, o mecânico Anderson, o radiotelegrafista Geraldo Gomes e o mestre de campo Henrique Arduino – gaúcho que, em 2004, ainda vivia na cidade, mas com a memória debilitada pela doença de Alzheimer.

Com o início da Segunda Guerra Mundial, em 1939, o aeroporto despertou o interesse dos americanos por causa de sua localização estratégica, numa eventual entrada do país no conflito. A escolha contou, claro, com a imprescindível assessoria da Panamerican, que dominava o transporte aéreo no Brasil – tinha, então escritórios e atendia a 66 cidades em todo país. Nos primeiros meses de 1940, autorizado pelo governo brasileiro, chegou à cidade um avião cargueiro com militares e técnicos americanos para avaliarem a possibilidade de transformar a pista de pouso da Panair numa base militar da Força Aérea americana para enviar soldados à África. O Pentágono argumentou que usaria Barreiras como suporte para voos militares que vinham de Miami e supostamente guarnecer a região. Dali, reabastecidos, seguiriam para Dakar, na África.

Não deixa de ser curioso que, apesar de Getúlio Vargas (1882-1954) só ter declarado guerra aos países do Eixo – Alemanha, Itália e Japão – em 31 de agosto de 1942, a implantação da base americana tenha sido iniciada dois anos antes. Isso se explica porque no decorrer de 1939 já eram intensas as negociações entre os dois governos. Tanto que, em agosto de 1940, foi assinado o acordo financeiro no qual os americanos asseguravam um crédito de US$ 20 milhões no Eximbank para a instalação da siderurgia em Volta Redonda, Rio de Janeiro. Mais uma vez, os engenheiros americanos também não gostaram da localização da pista dos voos comerciais da Panair e sugeriram que um novo aeroporto fosse construído a 16 quilômetros do centro de Barreiras, no alto do Planalto da Serra da Bandeira. Alegaram que ali os pousos seriam mais fáceis e a transmissão de sinais de rádio, melhor.

Em junho de 1940, teve início a construção da primeira das oito pistas do novo aeroporto, a mil metros de atitude em relação ao nível do mar. Mais de mil homens trabalharam em sua construção, sem máquinas pesadas, apenas com ferramentas e força física. Boa parte do material necessário foi transportado no lombo de burros, como contaram alguns sobreviventes. Os engenheiros e técnicos americanos tiveram muito trabalho para localizar uma fonte de água que pudesse abastecer a base. Encontraram apenas um riacho. Sem alternativa, fizeram uma pequena represa e instalaram uma bomba para levar água até o alto. Também construíram uma escada de pedra com nada menos que 400 degraus.

Ao lado da pista, enquanto isso, era erguida uma vila com casas conjugadas que serviriam de moradia para os militares americanos, entre oficiais e soldados – depois do fim da guerra e a partida dos estrangeiros, o local abrigaria famílias de funcionários da Panair. Foram projetadas pistas em forma de rosa dos ventos ou de "guarda-chuva", como prefeririam chamar os barreirenses, de modo que até oito aviões pudessem pousar ao mesmo tempo e sem necessidade de manobras ou esperas. A pista principal – na verdade, duas que se completavam em linha reta, como os três outros pares – tinha uma extensão de 2400 metros e foi equipada com balizamento apropriado para pousos noturnos. O próprio equipamento de rádio fora montado com esse propósito.

Há fortes indícios de que a unidade militar americana de Barreiras foi pensada para ser algo grandioso, de acordo com as necessidades da guerra e não um mero entreposto militar, como aconteceria com alguns aeroportos do Nordeste durante o conflito. Quando foi inaugurado, em outubro de 1941, o novo aeroporto dispunha de pista de taxiamento, plataforma de embarque e desembarque, almoxarifado, garagem, casa de força, escritório com serviço de meteorologia. Para fazer os voos de Miami até a cidade baiana, os americanos usavam aviões B-17 e B-25, com quatro motores cada um.

Mesmo com a ocupação e o controle dos americanos, os aviões comerciais da Panair continuaram a usar o aeroporto, inclusive com pernoite dos passageiros, como se nota nos calendários distribuídos na cidade pela companhia aérea em 1941 e 1942. Na verdade, a companhia foi contratada pelo Airport Development Program – ADP, com a missão de cuidar da infraestrutura portuária brasileira utilizada pelos aliados, como mostra Theofilo de Abreu Jr, no livro *Nas asas da Panair*. Cabia à empresa ainda abastecer os aviões em trânsito no território brasileiro com destino à Europa e à África, serviços de rádio-comunicação e o envio de borracha para os Estados Unidos. Durante a guerra, diariamente, a Panair mandou também para a América dois c-47 carregados de cristais de rocha.

Embora os americanos tenham construído sua base militar na Bahia entre 1940 e 1941, a oficialização do empreendimento só se deu com a assinatura de uma série de acordos entre os governos americano e brasileiro em maio de 1941 e ampliados em março do ano seguinte. Os contratos estabeleceram a aquisição exclusiva, pelos Estados Unidos, de algumas matérias-primas estratégicas – bauxita, berilo, cromita, ferro níquel, diamantes industriais, manganês, borracha etc. "O objetivo era principalmente preventivo, isto é, impedir que fossem vendidos a potências hostis", recordou Roberto Campos em sua autobiografia *A lanterna na popa*.

No livro, aliás, Campos citou a longa viagem que fez com sua esposa em dezembro de 1941 para Washington num DC3, com quatro paradas de pernoite – uma delas em Barreiras. Então funcionário do Itamaraty, o economista contou que a grande barganha do presidente Getúlio Vargas com o governo americano se centrava principalmente em dois pontos: a implantação da siderurgia de Volta Redonda e o reequipamento das Forças Armadas brasileiras. No segundo caso, o propósito foi alcançado com a participação do Brasil no "Lend Lease", em acordo assinado em 3 de março de 1942, no total de US$ 200 milhões, do qual o país pagaria apenas 35% do total num prazo de cinco anos. Muito provavelmente, a base militar de Barreiras continuaria a ser importante para a cobertura militar brasileira no Centro Oeste quando o local fosse desocupado pelos americanos.

Um editorial da *Panair em Revista* número 3, de março de 1944, mostra que, por causa da guerra, a Panamerican – e a Panair, claro – se desenvolveu de forma surpreendente no Brasil nos dois últimos anos como parte do esforço americano para manter o país como aliado. E não deixava dúvidas de que generosos recursos americanos foram investidos na obra e seu papel se tornou fundamental para interligar a América Latina com a Europa e a África. "O esforço dinâmico para acelerar a vitória opera-se também, de modo notável, no campo de batalha da retaguarda. E é nesse dinamismo realizado em silêncio que as nossas comunicações aéreas estão tomando um impulso verdadeiramente notável", escreveu o editor.

O texto prosseguia chamando a atenção para os primeiros aviões cargueiros que a empresa acabara de adquirir e a criação da primeira linha regular noturna Brasil-Estados Unidos. "Apesar de serem tão novas essas iniciativas, de poucos meses apenas, já são consideradas coisas do passado porque a guerra exige novos esforços, e a Panair, sobrepujando dificuldades, procura realizá-los do melhor e mais eficiente modo possível". Mais adiante, a companhia destacava a importância de seu papel diante do esforço americano no país. "Seus aviões alçam voos levando, além de seus habituais passageiros, missões militares, diplomáticas, embaixadas comerciais, e carregando peças, medicamentos, correspondências, mantimentos e mil e uma utilidades. Quando se torna necessário, viagens especiais são realizadas em várias direções, tudo com a mesma segurança e presteza de seus serviços normais".

## Cotidiano

Embora a Panair continuasse a fazer voos domésticos no período da presença americana na cidade, toda a logística era dos militares americanos e brasileiros. Enquanto isso, desenvolveu-se ao redor da bem vigiada base militar um mundo de mistério no qual os moradores de Barreiras estavam terminantemente proibidos de se aproximar. Durante a construção, por exemplo, o presidente Getúlio Vargas visitou as obras para fazer uma inspeção, a pedido do presidente americano Franklin Roosevelt, mas frustrou os moradores porque, inexplicavelmente, não visitou a cidade, limitando-se à pista em construção. Depois de um breve passeio, acompanhado de engenheiros e militares, seu avião decolou.

Tantos segredos de guerra não impediram que circulassem entre os moradores boatos dos mais curiosos. Especulou-se, por exemplo, que a base militar americana na Bahia teria sido mantida sob sigilo – o que, em parte, explicaria o total desconhecimento dos historiadores brasileiros sobre sua existência – porque fora escolhida pelo governo do país aliado para acolher filhos de ricas famílias que, em idade militar, foram obrigados a se apresentar para lutar na guerra. Desse modo, enquanto muitos pensavam que os jovens milionários estavam no *front* na Europa e na África, eles teriam sido protegidos na base baiana.

Os moradores mais antigos contaram para Ignês Pita que um dos membros do clã do magnata Nelson Rockfeller (1908-1979) teria servido – se escondido, seria o termo mais correto – na Bahia até o fim do conflito. No esforço de guerra, a vila militar teria servido também de abrigo para filhos homossexuais de oficiais americanos, preocupados que isso fosse usado contra eles como difamação.

A presença militar americana durante a guerra na Bahia não aparece sequer citada em nenhum dos livros consultados para este capítulo. Nada se apurou ainda sobre documentação da época e em relação às transformações que a presença estrangeira provocou no cotidiano e na economia de Barreiras. Em seu livro *Chiclete eu misturo com Banana*, Flávia de Sá Pedreira ajuda a compreender esses aspectos ao falar do impacto da base militar americana de "Parnamirim Field", em Natal, Rio Grande do Sul, o que aconteceu simultaneamente com a cidade baiana. A autora construiu um retrato bem menos romântico do que se acostumou a ver no cinema e em alguns livros. A convivência com os americanos e seu diferente modo de vida, escreveu Flávia, "afetou o cotidiano de toda a população local, sem exceções, e o que chama a atenção é a discrepância entre as múltiplas percepções sobre esse momento de intenso intercâmbio sociocultural para os diferentes atores".

O livro de Flávia resultou da tese por ela defendida na Unicamp em 2004 e publicada em 2005. "O título é uma referência aos americanos que estiveram em Natal na época da Segunda Guerra, assim como a 'banana' está para os brasileiros/natalenses", explica ela, por e-mail. "É também uma homenagem ao samba de Gordurinha, gravado por Jackson do Pandeiro (1958), que diz: 'Chiclete eu misturo com banana'". Segundo a professora, a única lembrança mais concreta sobre chiclete no livro está numa crônica do Câmara Cascudo. "Mas, realmente, é uma referência sem maiores pretensões de historicizar a entrada do chiclete no país do carnaval. Esse sim é o grande tema do meu livro: o símbolo da identidade nacional brasileira em confronto à enxurrada de influências norte-americanas a partir daquela época".

A citação de Câmara Cascudo é das mais relevantes para constatar que os americanos realmente difundiram o chiclete em Natal, como ocorria na Bahia naquele momento. Na edição de 11 de dezembro de 1943 do jornal *O Diário*, de Natal, ele tratava do que já se tornava um "um verdadeiro vício na cidade: mascar chicletes. "No início de seu argumento, Cascudo tentou até parecer compreensivo, afirmando que 'há certa explicação no uso em determinadas ocasiões'", observou Flávia. Em seguida, o folclorista foi mais duro: "Mas uma criatura ruminando, interminavelmente, um pedaço de borracha, não pode, na melhor lógica, aparentar modernismo ou educação. Nenhuma civilização pode ser representada pelo chicle Wrigley".

E ressaltou sua desaprovação: "Que um norte-americano, não todos os norte americanos, mastigue chicle, entende-se que é hábito, popular hábito, muito combatido pelos médicos dos Estados Unidos, mas, enfim, é um legítimo *usus* na terra ilustre do Tio Sam. Mas um nosso brasileiro, gente daqui, nordestino, bronzeado, muito bom mestiço, com outra educação, hábitos, tendências e mentalidade, atirar-se como gato aos bofes em cima do chicle e não ter medida nem juízo para deter a mastigação, em todos os momentos triturando, sem fim, a borracha, porque um amigo estrangeiro o fez igualmente, então, é caso positivo de subalternidade moral visível, um índice que daria dois zeros num teste de equilíbrio racional psicológico".

De acordo com Flávia, além da "borracha açucarada", o consumo exagerado do refrigerante Coca-Cola também virou mania em Natal. Em especial, nos clubes frequentados pelos americanos, onde seu preço chegou a subir de 15 cents para um dólar por causa da escassez que aconteceu com a bebida. Isso teria levado a queixas como "Boy, oh, boy! (...) I don't bilieve it! This is my first Coke in twenty months", como expressou o jornal da comunidade americana Foreigh Ferry News, em sua edição de 22 de agosto de 1943, citada pela pesquisadora. Havia uma queixa generalizada dos soldados diante da demora da indústria americana em mandar o precioso líquido para Natal. A exceção era a base aérea, onde a Coca-Cola era facilmente encontrada.

Flávia conta que o desembarque dos soldados e oficiais aconteceu de forma gradual e em clima de certa tranquilidade. A afluência dos estrangeiros, no entanto, coincidiu com um grande fluxo migratório para a capital por causa da seca que assolou o estado naquele período. Tanta gente fez dobrar a população da cidade num curto espaço de tempo. "A consequência imediata foi o desencadeamento de uma tremenda crise de abastecimento, acompanhada pelo aumento absurdo nos preços, especialmente no setor imobiliário. A autora abriu o capítulo 2 com um depoimento de Francisco de França Filho sobre a importância que o lixo dos americanos ganharam para os moradores pobres. "Eu não sei se eles davam aos nativos porque sentiam que faltava alimentação para os pobres... porque eram tonéis grandes de banhas de porco... e os porcos eram criados numa pocilga".

Os problemas que afetaram a capital potiguar, no entanto, não chegaram aos militares americanos. Havia, segundo a autora, um tratamento diferenciado, desde a alimentação trazida em navios dos Estados Unidos, até as plantações de milho e criações de suínos e aves especialmente destinadas ao seu abastecimento. O governo brasileiro ajudou nesse aspecto. O Ministério da Agricultura estruturou num curto espaço de tempo duas fazendas para plantio de milho e criação de animais. "Tudo ficou mais caro, tudo encareceu, principalmente nas lojas, porque eles (os americanos) compravam muito. Eles é que faziam as festas, com muita comida, as festas eram deles, que faziam e gostavam", recordou o historiador natalense Tarcísio Medeiros, que serviu por três anos durante a guerra como segundo tenente.

O professor Olavo Madeiros contou a Flávia que os americanos "introduziram tomar a cerveja deles, tomar uísque, Coca-cola e não aprenderam a consumir guaraná, não aprenderam coisa nenhuma. É como se a gente fosse assim, lá para a Amazônia e aqueles negócios dos índios a gente não quisesse comer... A música também, era a deles que imperava, e tinha até um trecho da praia que chamavam de Miami Beach". O noticiário da época e depoimentos colhidos pela autora revelaram uma série de atritos entre os nativos e os estrangeiros. A começar pelo ciúme causado nos homens natalenses, uma vez que as moças ficavam encantadas pelos americanos. Havia também atos de violência nos bares e cabarés dos bairros da Ribeira e Cidade Alta. "Um dos pontos nevrálgicos para a afirmação das diferentes identidades encontrava-se justamente ali, na penumbra do submundo de Natal", anotou a pesquisadora.

## Estranhos

Distantes da posição de maior pólo agroindustrial em desenvolvimento que se transformaria na década de 1990, os moradores de Barreiras não entenderam direito quando, em 1937, começou a chegar um "pessoal estranho" que falava uma língua que ninguém entendia e se comportava com hábitos desconhecidos. Eram funcionários da Panamerican, engenheiros e técnicos que vieram construir um aeroporto na cidade. O contato com os "nativos", no entanto, foi restrito. Não só pelo número de pessoas como porque ficavam confinados na obra. Seria diferente, porém, três anos depois, a partir de junho de 1940, quando levas de militares americanos eram despejadas pelos aviões da Força Aérea Americana para dar início à estruturação da base militar.

CADERNO DE IMAGENS

# Origem do chiclete

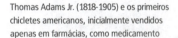

Thomas Adams Jr. (1818-1905) e os primeiros chicletes americanos, inicialmente vendidos apenas em farmácias, como medicamento

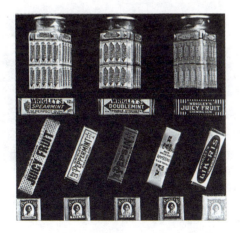

# Caderno de imagens

Primeiras funcionárias da Adams no Brasil
(arquivo da fabricante)

Registros dos empregados da Adams em 1949

Construção da fábrica da Adams, na Avenida do Estado,
em São Paulo

Operárias da Adams durante intervalo de trabalho,
na década de 1940

Ora, bolas!

# Guerra

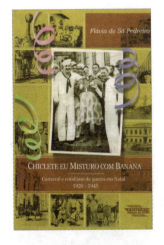

Calendário da Panair, distribuído em Barreiras, Bahia. Ali teria desembarcado o chiclete no Brasil

Estudo mostra a reação negativa ao chiclete em Natal (RN), durante a guerra

Operador da Panair em Barreiras e folhetos da empresa: além do chiclete, o copo descartável também chegou por lá, trazido pelos americanos.

Caderno de imagens

# Chiclete no Brasil

Nos anos de 1950, a Adams recorreu a astros do rádio, do cinema e do esporte para popularizar o chiclete entre adultos, com anúncios na revista *O Cruzeiro*, de maior circulação na época.

# Ora, bolas!

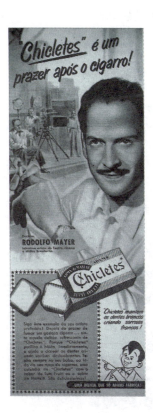

Em testemunhos, famosos realçavam a ideia de que mascar sem engolir era algo relaxante em qualquer momento.

Caderno de imagens

# Chiclete em quadrinhos

O Ping-pong marcou gerações de crianças e adultos até desaparecer na primeira década do século 21. Foi lançado em 1955, pela Kibon.

Ora, bolas!

Personagens dos quadrinhos da revista *O tico-tico* ajudaram a atrair as crianças para a marca, na década de 1950

# Caderno de imagens

Ainda na década de 1940, quando os gibis vendiam muito, a Adams criou seu próprio personagem para atrair as crianças. As historinhas de uma página de Zezinho saíam nas revistas em quadrinhos e para adultos. No final, o herói era sempre recompensado com uma caixa de chicletes

Ora, bolas!

# Caderno de imagens

Ora, bolas!

# Caderno de imagens

Ora, bolas!

Caderno de imagens

Ora, bolas!

Caderno de imagens

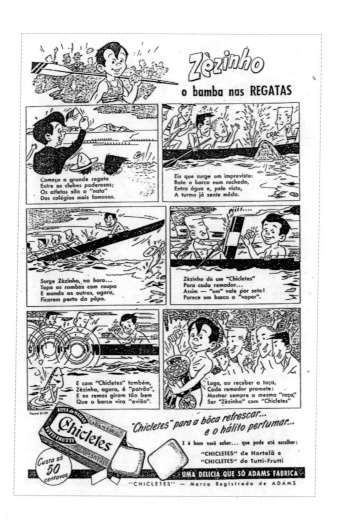

Ora, bolas!

Depois de Zezinho, a Adams criou Chico, outro personagem para dialogar com as crianças

Caderno de imagens

Ora, bolas!

Caderno de imagens

Ora, bolas!

Caderno de imagens

Ora, bolas!

Anúncios da Adams e da Ping-pong publicados em gibis dos anos de 1970 e 1970.
O alvo, claro, o consumidor infanto-juvenil

## Caderno de imagens

Em 1978, o Ping-Pong lançou a coleção Futebol Cards, que virou mania entre o público masculino e até hoje reúne colecionadores em todo país e tem sites na Internet.

Ora, bolas!

# Chiclete na mídia

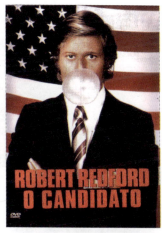

Chiclete como atitude e símbolo do imperialismo americano. À direita, na figura inferior, a atriz Cleo Pires faz bola de chiclete em ensaio para a revisa Joyce Pascowitch

# Caderno de imagens

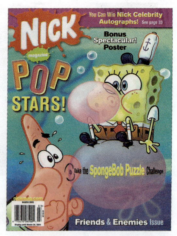
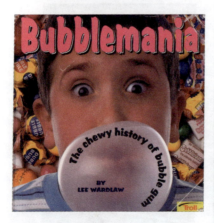

Após 1945, o chiclete ganhou o mundo e influenciou comportamentos. Rendeu livros e até um muro, o Bubblegum Alley, atração de San Luis Obispo, Califórnia, com 70 metros de extensão, onde as pessoas colam suas gomas mascadas

Ora, bolas!

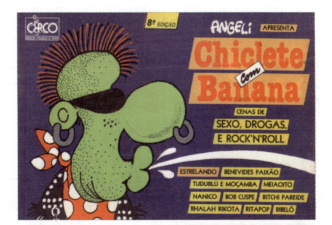

Os quadrinhos contestadores de Angeli e o personagem de uma série de livros infantis. Todos com chiclete no nome

Caderno de imagens

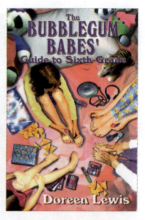

A princípio, deveriam transformar o aeroporto na Panair num ponto de apoio para prováveis incursões bélicas no norte da África, naqueles tempos em que o mundo estava envolvido numa grande guerra. Mais e mais oficiais e soldados chegavam todas as semanas e passaram a conviver com a população local. Os barreirenses que tinham acesso à base logo perceberam duas curiosidades: ao invés de copos de vidro, preferiam tomar água em vasilhames de papel descartáveis, que eram amassados e destruídos depois do uso. Era um papel grosso, resistente, que não vazava. O mais esquisito, porém, era o hábito de muitos que ficavam mastigando durante horas sem nada engolir, exatamente como "ruminavam" os bois, as vacas e as ovelhas no pasto.

E os americanos não faziam isso nas mesas de refeições, mas nas ruas. Falavam mastigando, sempre. Em suas bocas se podia ver uma pequena massa rosa ou verde semelhante a uma borracha que exalava um sabor adocicado pelo hálito. Tratava-se de um produto chamado chicle ou *bubble gum*, termo que nenhum barreirense sabia pronunciar, era uma novidade e tiveram o privilégio de serem os primeiros a descobrir no país. Alguns moradores que sobreviveram à época contaram que os soldados ofereciam seus chicletes trazidos nas bagagens principalmente para as crianças da cidade, com a recomendação traduzida pelos brasileiros que os acompanhavam de que se tratava de uma "borrachinha doce que se mastiga mas não se engole".

A guerra acabou, os americanos foram embora e Barreiras retomou sua normalidade. O aeroporto de oito pistas voltou a ser somente da Panair e não das Forças Armadas Brasileiras, como se esperava. Os voos de linha, então, foram intensificados, quando o local foi desmilitarizado. A cidade baiana se transformou em destaque nas rotas de voo da companhia pela sua localização. Aviões continuaram a subir a descer várias vezes por dia no decorrer da segunda metade da década de 1940.

Uma nota publicada na revista da empresa em 1944 mostrava o sucesso do time de futebol dos empregados da cidade, o Panair Esporte Clube. "Podíamos dizer que havia vida própria no aeroporto, com escola e serviço médico dos melhores", recordou Daniel Lopes, um dos primeiros a trabalhar no local. Segundo ele, o chefe de operações se chamava Edmundo, a quem cabia controlar o abastecimento dos aviões e toda a estrutura. Enquanto isso, o aeroporto transformava Barreiras rapidamente num próspero centro econômico da região.

Doze anos depois do início das primeiras decolagens da Panair e após a partida dos americanos, a população de Barreiras passou de dois mil para 35 mil habitantes. A economia que antes se limitava à agricultura, pecuária e silvicultura, mudou radicalmente. A cidade ganhou indústrias têxteis (Baylon & Filhos e Mariano Gonçalves & Cia), de charque (Agro-Pastoril Antonio Balbino Ltda) e de couros (Baylon & Filhos). A exportação de carne de charque, na verdade iniciada em 1926, teve novo impulso e passou a atender ao Rio de Janeiro graças aos vôos de carga que a Panair realizava às sextas-feiras. A principal fornecedora era a Charqueada Santo Antonio, também do então coronel Antonio Balbino (1912-1992), que se tornaria governador da Bahia na década de 1950.

Por isso, a partir de 1941, o número de animais abatidos anualmente na região superou 1,2 mil cabeças, bastante expressivo para a economia regional na época. Parte da carne seguia de trem ou de vapor pelas águas do São Francisco e Rio Grande para outros estados do Nordeste. Nesse período, intensificou-se também a exploração da mangaba, fruta nativa deliciosa da região, muito usada para sucos e picolés, exportada principalmente para Salvador. "Mandávamos carne fresca e beneficiadas para o Rio e Belo Horizonte por avião e, em contrapartida, recebíamos mercadorias. Por isso, nosso contato (direto) com a capital baiana era quase nulo", observou Aníbal Barbosa Filho, ex-funcionário da Panair.

Em quase três décadas de atividades, o aeroporto seria cenário de três acidentes aéreos. Em 31 de março de 1945, ainda com a base aérea aliada, após sobrevoar a cidade e se preparar para um pouso "cego", por causa da tempestade que caía, o avião da FAB C-47-20/25 se chocou contra um morro e matou todos os 25 ocupantes. Quinze dias depois, num sábado de aleluia, outro avião da FAB caiu a algumas centenas de metros de uma das pistas. Não houve vítimas humanas, somente cinco papagaios que viajavam de carona na cauda, de acordo com perícia da Aeronáutica. O terceiro acidente aconteceu com um avião da USAF. A aeronave havia sido comprada pela FAB e, depois de vistoriada, tentou levantar voo e caiu. Todos os tripulantes morreram carbonizados.

Doze aviões ainda pousavam diariamente em Barreiras quando a Aeronáutica – que havia assumido sua administração – resolveu desativar o aeroporto no começo da década de 1960. A princípio, disse que, por causa de Brasília, que passaria a absorver as rotas principais da unidade. Portanto, não havia necessidade de mantê-lo em operação. Por outro lado, desde o final dos anos de 1940, a Panamerican começara a adquirir aeronaves mais modernas, com mais combustível, que permitiam escalas mais distantes e dispensavam paradas em Barreiras. Mesmo assim, o local continuou a atender companhias como Varig, Nacional e Cruzeiro do Sul, entre outras, que mantiveram voos domésticos para o Nordeste e o uso de suas instalações. A ameaça de esvaziamento se acentuou a partir da inauguração de Brasília, em 1960.

Ignês Pita recordou que, pouco depois da inauguração do museu de Barreiras, construído por ela, na década de 1990, recebeu a visita de um soldado raso da Aeronáutica que estava de passagem pela cidade. O aposentado não quis se identificar, mas deu um depoimento em que revelou que coube a ele dirigir a perua Kombi, que levou os oficiais encarregados de desativar o aeroporto pouco depois da decretação do fim da Panair, em 1965. Ele teria ouvido dos colegas durante a viagem que o local precisava ser destruído por uma questão de segurança nacional para o regime militar: como seu grande porte permitia o pouso de oito aviões ao mesmo tempo, o que poderia ser usado para invasão de algum país inimigo – essencialmente do bloco comunista, como Cuba, que insuflava ou inspirava o movimento revolucionário na América Latina. Por ficar perto de Brasília, representava um risco ainda maior de algum plano para tomar a capital do país por esses invasores.

Em algumas horas, o grupo desmontou todos os equipamentos de radio-transmissão para pouso e decolagem e os reuniu em duas caçambas. Em seguida, levou tudo para Brasília. Antes de partirem, as pistas, então, foram cuidadosamente dinamitadas. Todo o arquivo que contava quase três décadas de história foi destruído – inclusive relacionados à base americana. Durante anos, documentos espalhados pelo chão apodreceram pela ação do tempo. Com a ordem da Aeronáutica para que toda a vila também fosse desocupada, nos anos seguintes vândalos da região começaram a saquear as casas. "Durante muito tempo, os moradores se perguntavam por que o governo militar mandou destruir uma coisa pronta numa região tão pobre e levamos muito tempo para obter a resposta", observou Ignês, referindo ao militar aposentado que lhe contou a história.

Na segunda metade da década de 1980, durante o governo baiano de Waldir Pires (1987-1989), foi construído um novo aeroporto em Barreiras, só que com uma única pista, inapropriada para pouso de aviões de grande porte. Dos tempos áureos da Panair restaram apenas duas torres de comando e a velha escadaria de pedras feita por ordem dos americanos, incorporada à paisagem local e engolida pelo mato como uma relíquia histórica sem qualquer identificação. Com o desaparecimento dos documentos durante a destruição do aeroporto e de seus últimos remanescentes, o pequeno capítulo da história da Panair em Barreiras dificilmente será contada com a precisão e a grandiosidade que merece.

De uma certeza os Barreirenses mais antigos têm orgulho de dizer a que quiser acreditar: teriam sido eles os primeiros a conhecer o chiclete no Brasil. Se lembram desse pequeno detalhe da convivência com os estrangeiros durante a guerra, foi porque os militares realmente consumiam goma em grande quantidade – como se sabe, toneladas de chiclete Wrigley foram distribuídas para as tropas dos Estados Unidos como parte da ração de guerra. Um feito que contam não apenas como herança de guerra, mas com o propósito de dar a si uma importância histórica que ainda não receberam no esforço do Brasil para ajudar a vencer a guerra. Se os gringos partiram, deixaram um hábito que as crianças locais tiveram o privilégio de iniciar a primeira geração brasileira consumidora. Desde então, a influência cultural americana no Brasil só aumentaria.

Em julho de 1976, quando se comemorou o segundo centenário da independência dos Estados Unidos, a revista *Istoé* dedicou a reportagem especial de seu terceiro número à presença americana no país. Com o título "Os EUA e a gente", a edição estampava na capa uma moça com jaqueta jeans, camiseta e boné. Ela enchia uma grande bola de chiclete rosa sabor tutti-frutti. Na introdução da matéria, outra garota esticava com os dedos uma goma de mascar presa entre os dentes. O chiclete aparecia como um dos muitos produtos do país vizinho que tinham sido totalmente incorporados ao cotidiano brasileiro, ao lado dos enlatados, da meia-calça, do Papai Noel, das histórias em quadrinhos, do skate, do milk-sheik, do hot dog, do cartão de crédito, do jeans, do hambúrguer e da Coca-Cola.

"Com a ajuda do chiclete, os EUA ganharam guerras. Aqui, vale como higiene bucal e o namoro. Os brutos também amam", dizia a legenda.

Desde então, o mundo mudou e ajudou a transformar ideologicamente a imagem internacional do chiclete. Com a globalização da economia, a partir da década de 1980, e a vinda de novas gerações diluiu-se o ranço da goma como um dos ícones do imperialismo norte-americano. O chiclete se tornou pop, foi adotado por adolescentes de todo o planeta. Dos adolescentes japoneses aos deslumbrados garotos da China pós-comunista do novo milênio – jovens e adultos não se preocupam mais com a ideologia por trás dessa adocicada massa de mascar, de cuja nação de origem eles aprenderam a cobiçar como objeto de todos os seus desejos materialistas.

E o mundo, ao que parece, virou uma grande bola de chiclete.

# CAPÍTULO 6

## O mundo das figurinhas

Se há uma regra que orienta os fabricantes de chicletes no mundo é a de que, enquanto existirem meninos e meninas, haverá sempre forma para diverti-los e atrair suas atenções para comprar seus produtos. Ou seja, é um negócio para sempre, desde que bem conduzido. Não por acaso, o desempenho da indústria brasileira de gomas de mascar acompanha o crescimento da população. Na verdade, supera significativamente o percentual, numa média de 5% a mais de venda ao ano. Nesse sentido, a principal motivação do chiclete junto às crianças é, sem dúvida, o ato de brincar com o próprio chiclete de diversas formas. Inclui atos de indisciplina doméstica ou na escola – como colar a goma usada grudada sob a mesa ou sob a poltrona e pirraçar colegas e professores com o estourar insistente de bolas com a boca.

Nada atraiu e continua a fazê-lo mais essa faixa de público, desde os primórdios do chiclete no Brasil, do que as figurinhas e o prazer de colecioná-las – acompanhado do desafio de conseguir todos os números. Pesquisas realizadas pelo setor concluíram há muito tempo que crianças de ambos os sexos compram chicletes porque gostam de juntar cromos, de interagir com trocas entre os amigos. A diversão, claro, acaba tendo um custo elevado para os pais e lucro para os fabricantes.

A conclusão é de longa data. Há quase meio século, as empresas adotaram a distribuição de figurinhas numeradas para estimular o consumo. Acertaram na maioria das vezes, mesmo com o acirramento da concorrência. No começo, as séries eram temáticas e voltadas principalmente para a educação e a informação, por meio de curiosidades: traziam estampas de personagens da história, esportes, fauna, flora, cidades, países, curiosidades regionais etc. Havia um propósito na escolha desses temas: ganhar a simpatia dos pais, numa época em que o chiclete era cada vez mais criticado por ser nocivo aos dentes das crianças.

Aos poucos, com a tolerância familiar crescente ao consumo do chiclete, descobriu-se que vincular goma de mascar a personagens de sucesso na mídia era um bom negócio. Na verdade, a indústria apenas seguia os passos do crescente e lucrativo mercado de figurinhas vendidas em pacotinhos nas bancas de jornal. E as figurinhas de chiclete davam a impressão de que eram gratuitas, pois vinham como brinde. Começaram também a estampar artistas do cinema e da televisão e personagens dos desenhos animados e das histórias em quadrinhos. Depois, os fabricantes exploraram nomes da música popular brasileira – fenômeno que aconteceu a partir da década de 1990.

A mania de colecionar figurinhas no Brasil é muito anterior ao advento do chiclete. Remonta ao final do século XIX. Paulo Cesar Goulart, talvez o principal estudioso do assunto no país, escreveu que as figurinhas surgiram na França, em 1872, nas embalagens de extrato de carne Liebig. Embora fossem de origem francesa, receberam inicialmente a denominação de *trade cards*. Foi por meio das carteiras e pacotes de cigarro, porém, que o gênero se popularizou a partir de 1880. Inclusive no Brasil, onde as maiores fabricantes – R. Nunes & Pinto, José Francisco Jorge e José Francisco Correa, proprietária da Fumos e Cigarros Veado –, perceberam no colecionismo de estampas um mecanismo eficiente para manter a fidelidade de seus consumidores e atrair novos compradores.

Os cigarros Veado, a marca mais popular das três primeiras décadas do século XX, ofertou cromos cartonados dentro de seus maços por meio século. Muitos dos *cards* traziam *pinups* (figuras de garotas jovens com toques de sensualidade) – uma influência dos fabricantes americanos. O segmento de distribuição desse tipo de brinde, afirmou Goulart em sua pesquisa, começou a se ampliar a partir de 1914, ano em que apareceu a primeira companhia de chocolates a aderir às figurinhas – era A Suíssa (sim, escrita dessa forma). A iniciativa estimularia as empresas de doces e balas a embalar seus produtos com figurinhas.

Na década de 1920, os astros do cinema mudo de Hollywood e os craques de futebol de São Paulo e do Rio de Janeiro se tornaram temas para incontáveis coleções desses produtos. Logo em seguida, a maioria dos grandes fabricantes de balas industrializadas – setor que se expandia por todo Brasil – começou a fazer séries mais extensas de figurinhas com 100 unidades. Nenhuma teve mais alcance, segundo Goulart, que as estampas Eucalol, marca com distribuição nacional especializada em sabonetes, cuja coleção ultrapassou quatro mil unidades – contadas as variantes –, dividas em 361 séries e distribuídas ao longo de 31 anos, entre 1926 e 1957.

Até então, não havia álbum de figurinhas. Os cromos eram guardados em caixas e gavetas. O primeiro só apareceu em 1934, lançado pela fábrica de doces e chocolates Weissman & Gimelfarb, de São Paulo. Era a coleção *A Hollandeza*, vinculada às balas de mesmo nome e que garantia a distribuição de prêmios. Cada volume completo dava direito a trocá-lo por um envelope lacrado com o nome do brinde – havia promessas de máquinas fotográficas portáteis, patins, relógios "com pulseira" e bolas de capotão (couro) de futebol "número 5" – similar às bolas usadas em jogos profissionais. Uma foto estampada no jornal *O Estado de S. Paulo* da época mostrava médicos e advogados reunidos na Praça Antônio Prado, onde ficava a Bolsa de Valores, com seus álbuns nas mãos.

A iniciativa acabou causando descontentamento por todo Brasil e uma grande confusão na cidade, aliás. Os meses passaram e algo muito estranho começou a ser notado. Os colecionadores acumulavam álbuns, mas não se conhecia alguém que tivesse conseguido todas as figurinhas para ter direito a algum prêmio. Pior, todo mundo procurava os números 11, 52 e 54. Algumas pessoas passaram a desconfiar que houvesse um golpe por trás daquele negócio. Mesmo com as crescentes reclamações, a fabricante fez novo álbum em 1935, e manteve a promoção de novos e atraentes prêmios. Até que um boato ganhou força: não havia as tais figurinhas – o que não era verdade – porque tudo não passava de uma armação para explorar a "fé alheia".

Diz a lenda entre os colecionadores de figurinhas que, por causa do grande número de queixas, a polícia resolveu intervir e tentou prender os donos da Weissman & Gimelfarb, que conseguiram fugir às escondidas do Brasil. É provável que tenha acontecido assim, pois o negócio faliu logo depois e nunca mais se pôde saborear as deliciosas balas, uma das marcas mais populares do país. O fato foi que um álbum completo de *A Hollandeza* se transformaria, década a década, até o começo do século XXI, em um objeto de cobiça de colecionadores de todo país, vendido por valores bem elevados.

Um pouco antes de *A Hollandeza* fazer seu primeiro álbum, foi lançada a série *Balas de futebol*, sem álbum, claro, da companhia de doces A Saccomani. Para se ter uma ideia do seu sucesso, várias coleções se sucederam por nada menos que 27 anos, de 1933 até 1960. Seu primeiro álbum de figurinhas, no entanto, só apareceu em 1938. Mas foi somente a partir da segunda metade do século que se consagrou como negócio o segmento que dominaria o mercado de promoção de doces com brindes: o das figurinhas dos chicletes.

## Promoções

Na pré-história anterior ao chiclete, as figurinhas não eram vendidas em bancas de jornal. Funcionavam exclusivamente como valor agregado promocional das empresa para venderem cigarros, chocolates e balas, como ressaltou Paulo Cesar Alves Goulart. Sobretudo as de doces e chocolates – na fase anterior à chegada do chiclete no Brasil. Um dos destaques desse período foi a Companhia de Café Jardim, que lançou, entre 1941 e meados da década de 1950, cerca de 12 álbuns para promover seus doces. Dentre eles, *As aventuras do Barão de Munchausen* e *As aventuras de Dick Peter* – personagem radiofônico brasileiro do gênero policial criado por Jerônymo Monteiro (1908-1970), considerado o pai da ficção científica no Brasil e que ganhou versões uma coleção de livros revistas em quadrinhos.

Somente em 1949, a Casa Editora Vecchi, do Rio de Janeiro, promoveu, pela primeira vez, a venda de figurinhas em pacotinhos para jornaleiros. O álbum contava em cromos a história de Branca de Neve e os sete anões, conto de fada que ficara famoso graças ao longa-metragem de Walt Disney (1938). A editora permitia que, depois de encerradas as vendas, o colecionador comprasse pelos Correios até 30 figurinhas para completar seu álbum. Explica-se.

Mesmo depois do que aconteceu com *A Hollandeza*, por décadas, os compradores se tornaram vítimas de promoções que não passavam de fraudes. Os golpes aconteciam principalmente em pequenas cidades e nas periferias dos grandes centros, onde a fiscalização praticamente não existia. Dois decretos de 1922 e 1937 tinham proibido a distribuição de qualquer tipo de prêmio, inclusive em jornais e revistas, mas, por causa da pouca fiscalização, sempre aparecia quem prometia prêmios caros como carros e geladeiras que ninguém conseguia ganhar.

Em 1961, o breve governo do presidente da República Jânio Quadros baixou uma lei – que seria ratificada e ampliada pelo presidente Emílio Garrastazu Médici (1905-1985), em 1972 – que proibia a venda de álbuns com figurinhas premiadas em bancas de jornal. Todas deveriam ser distribuídas em quantidades iguais e a editora se obrigava a vender pelos correios determinada quantidade para que as pessoas completassem sua coleção. Segundo o colecionador Nilson Silva, Jânio teria tomado a medida para se vingar de um parente que trabalhava no ramo e se negou a apoiar sua candidatura à Presidência da República. Com a fiscalização ostensiva das bancas, encontrou-se outras formas de incentivar as vendas, como soltar cromos aos poucos, de modo a obrigar os colecionadores a comprarem pacotinhos durante meses. Assim, primeiro eram vendidos 80% do total das figuras. O restante aparecia nas bancas ou nos chicletes no final da promoção.

Foi nessa época, ainda nos anos de 1960, que as fabricantes de chiclete intensificaram a produção de álbuns de figurinhas, agora mais ligadas a temas da cultura pop (cinema, televisão, quadrinhos etc.) e futebol. A tradição teria sido iniciada em 1961, com uma série sobre aviação, com 100 figurinhas, do Ping-Pong. No ano seguinte, o mesmo chiclete lançou a bem sucedida campanha com as figurinhas Bolão, personagem criado pelo desenhista Luiz Sá (1907-1979) que fora muito famoso no passado nas páginas da revista infantil *O Tico-Tico*, cancelada cinco anos antes, depois de circular por 52 anos. As "Aventuras do Bolão" teve quatro séries: *Bolão nos esportes, Bolão nas profissões, Bolão... Turista* e *Bolão no Zoológico*. Cada figurinha era, na verdade, um divertido cartum infantil criado pelo autor do personagem.

A Kibon, nesse momento, adotou o termo "chicle de bola" para identificar sua goma de mascar – a primeira denominação sua para o produto fora "bola de mascar". Os anúncios saíram com três *slogans* "Só Ping-Pong faz bola 'legal', "O primeiro chicle de bola nacional" e "O favorito da juventude brasileira". O colecionador Kendi Sakamoto, de São Paulo, apontou uma peculiaridade em relação às figurinhas e álbuns de chiclete: poucas pessoas guardavam suas coleções por muito tempo porque era comum que o açúcar da goma atraísse formigas e baratas. Sakamoto foi um dos que tiveram de sacrificar alguns exemplares por causa disso. Daí a dificuldade em localizar coleções.

O jornalista e escritor Luis André do Prado guardou de sua infância uma história reveladora do chiclete no Brasil na década de 1960. Nascido em 1955, no pequeno município mineiro de Paraguaçu, sul do estado, ele recordou que, durante sua infância, havia na cidade uma senhora solteirona e solitária, dona Vivila, que ficou famosa por ter um galo de estimação – muito arisco, criado como se fosse gente. A dona o vestia com toquinha e sapatinho de crochê e o havia batizado de "Alfredinho". Mas o bicho não era manso como seria de se supor. Ao contrário, era um autêntico "cão de guarda" da casa. Tão valente que alguns meninos acreditavam ter "parte com demo, e uma espora era do tamanho de um dente de tigre", diziam.

O sobrado ficava na parte baixa da cidade, na velha rua Ferreira Prado – a mais antiga de lá. Na verdade, toda Paraguaçu era um grande "morro acima". Os moradores diziam: "Lá em baixo, na casa do fulano; ou, lá em cima, na casa do sicrano. Nosso mundinho era dividido entre 'lado de cima' e 'lado de baixo'. E o sobrado de dona Vivila, já caindo aos pedaços, ficava na parte baixa do morro. Um dia, o casarão se tornou alvo de cobiça da molecada por um motivo especial: seu porão escondia um tesouro: um carregamento de chicletes em forma de bola, coloridos (do tipo que se vende em máquinas), vindo dos Estados Unidos, e que na época não eram comercializados naquele formato no Brasil, daí representar para nós garotos um irresistível objeto de desejo".

Prado relatou que ele e os amigos se reuniram um dia, debaixo do poste da Cia Sul Mineira de Eletricidade, depois do jantar, por volta 19 horas, para discutir como chegar aos cobiçados chicletes norte-americanos, que haviam sido desembarcados na cidade como parte dos donativos feitos pelo governo norte-americano à hoje extinta Legião Brasileira de Assistência (LBA), órgão fundado, em 1942, pela então primeira-dama do país, dona Darcy Vargas, inicialmente para ajudar as famílias dos soldados enviados à Segunda Guerra

Mundial. O auxílio fazia parte da "política de boa vizinhança" dos bondosos amigos do Norte para com o miserável Brasil daqueles anos e de sempre.

Com o fim do conflito, a LBA continuou existindo. "Afinal, era preciso dar o que fazer às primeiras damas, além de se preocuparem com os figurinos e maquiagem a serem usados nas cerimônias oficiais. Elas passaram, então, a cuidar da benemerência com os mais necessitados. No posto da LBA de Paraguaçu eram distribuídos – além da goma de mascar norte-americana – leite em pó e outras poucas iguarias estocáveis de igual teor nutritivo", recordou o jornalista. "Os chicletes eram daqueles que a gente via fascinado nos filmes de Hollywood e nas sessões da tarde da TV, comprados em máquinas automáticas: os moleques colocavam uma moeda e do outro lado jorravam bolotas coloridas".

A informação fora obtida por um dos garotos da turma, apelidado de Nego Brocha – que era chamado assim porque tinha um pé enorme, com dedos muito abertos. Ele vira a mercadoria preciosa ser descarregada na sede da LBA e contou aos amigos: "Vi os caras carregando uns sacos grandes cheios de chicletes coloridos, de todas as cores. Nunca vi nada igual nos armazéns da cidade. É quase do tamanho de uma bola de pingue-pongue. Acho que tem de todos os sabores, porque são de muitas cores; tem amarelo, laranja, vinho e até azul..."

Prado e sua turminha – que, aliás, tinha sede, o porão de sua casa, e uma insígnia "Os Invencíveis" – queriam experimentar os maravilhosos chicletes que viam também nas séries de TV ainda em preto e branco. Não entendiam por que só aos pobres era dada a benesse de poder saborear aqueles maravilhosos chicletes importados. Um deles sugeriu que "deviam mesmo ser muito bom para matar a fome, apesar de a mãe dele sempre dizer que eram porcaria". Os meninos costumavam fazer campeonatos de bolas, com chiclete nacional – Ping-pong e Ploc. A regra da competição era simples: encher a boca com o maior número possível de tabletes e soprar a maior bola de todas. "Eu tinha sido campeão, com seis tabletes de uma vez e cara toda plastificada de goma, depois da explosão da bola. E minha boca doeu uma semana, depois da grande vitória".

Inconformados por não serem pobres o suficiente para ter acesso aos chicletes norte-americanos, os garotos decidiram uma ousada invasão à sede da LBA, situada no porão alugado de dona Vivila. Três foram escalados para a missão: Prado, Nego Brocha e Pedrinho. A estratégia foi traçada:. Murilo, que era o fortão da turma, faria "escada" com as mãos, para os outros pularem o muro. Nego Brocha subia primeiro e, depois, puxaria os outros dois, que eram menores. "Pulamos os três e rapidamente forçamos com um pedaço de ferro já providenciado a janela do porão – na verdade um velho armazém com portas altas dando para a rua, onde ficava a sede municipal da LBA".

Devia ser umas dez da noite quando a operação teve início. Sempre atentos, não viram nenhum sinal do temido galo Alfredinho. "Tava no papo: era só o tempo de entrar rapidinho e apanhar a muamba multicolorida dos pobres para adoçar nossa boquinhas... Ninguém precisava ficar sabendo de nada. 'Nunca mais vou querer chiclete Ping-pong', imaginou Pedrinho". Havia numa prateleira uns seis pacotes grandes com a goma de mascar em bolotas multicoloridas. "Pedrinho pegou um, eu peguei outro, e saímos pé ante pé, suando frio. Olhei para a frente e, então, estancamos! O pior tinha acontecido...Vi pousado no umbral da janela a sombra do galo macho da dona Vivila. Trememos nas bases".

A reação instintiva foi gritar e avisar os comparsas que tinham sido descobertos pelo galo dos infernos: "Jogamos a mercadoria deliciosa para cima e saímos em disparada, correndo do galo, que pulava de um lado para outro com um ninja e cacarejava como um trombone. Conseguimos alcançar o Nego Brocha e foi cada um por si. Saltei aquele muro e estou até hoje sem saber como conseguir tamanha proeza. Pedrinho fez o mesmo. Ficou do outro lado o Nego, lutando com o galo... Antes de me afastar dali, ainda consegui ouvir a velha saindo pela janela e gritando: 'Que diabos é isso que está acontecendo?'".

A turminha se dispersou, todos voaram para casa com o coração saindo pela boca. "Saímos esfolados da aventura, sem os chicletes de cinema norte-americanos, que na minha terra continuaram sendo iguaria para pobres... Os Invencíveis tinha sido derrotados pelo galo Alfredinho e eu, só muitos anos depois, pude prover uma daquelas gomas de mascar norte-americanas. Mas aí, eles já não tinham mais qualquer importância para mim". Como o jornalista, quem de nós não guarda da infância uma história nostálgica que inclua um chiclete de bola?

O pesquisador e colecionador João Antonio Buhrer Almeida, de Campinas, é um apaixonado colecionador de objetos ligados à memória do chiclete no Brasil, principalmente as figurinhas. Em depoimento ao autor, ele conta que, na sua infância, o único chiclete que mascava era Ping-Pong. "Não havia tantas marcas como hoje, eram o Ping-Pong e o tradicional Chiclets Adams, com sua caixinha amarela, só que este era mais para consumidores adultos, mais sofisticado. Era raro ver um adulto com o Ping-Pong, porque este era mais para jovens ou crianças, mais doces e faziam bolas. O adulto passava longe".

Na década de 1970, Ploc se tornou seu grande concorrente e Almeida acompanhou a disputa pelo consumidor por meio das figurinhas. "A novidade era que as figurinhas vinham com as famosas tatuagens, que duravam até o próximo banho, no máximo. Mas isto fez um sucesso que vou te contar. Se as tatuagens agradam tanto a todas as classes, naquele tempo não era bem assim. Os *tattoos* eram mais para *outsiders*, bandidos e hippies. Eu vivia com várias nos braços, uma do lado da outra, isto quer dizer que consumia vários chicletes no mesmo dia".

Ploc também investiu regularmente em anúncios nas revistas de histórias em quadrinhos, que atingiu seu último grande momento na década de 1970. Principalmente nas revistas da editora Abril, então líder absoluta do mercado. Só para se ter uma ideia, a revistinha do *Tio Patinhas* vendia 500 mil exemplares por mês, bem mais que a edição semanal de *Veja*. A Q-Refresko recorreu à própria linguagem dos quadrinhos para anunciar sua série de figurinhas com "Tatuagens mágicas" dos escudos dos principais clubes do futebol brasileiro, distribuída em cinco sabores diferentes – abacaxi, tutti-frutti, hortelã, laranja e uva. As historinhas de uma página e sem personagens fixos feitas pelo cartunista Enéas.

Ploc e Ping-Pong, quando concorriam entre si, acumulavam coleções que se tornaram fenômenos de venda. Várias delas estavam ligadas ao futebol. Em 1978, por exemplo, a Ping-Pong lançou aquele que talvez tenha sido o maior sucesso desse tipo de promoção em todos os tempos da história brasileira do chiclete: a série de figuras cartonadas *Futebol Cards*, no formato "gigante" de 9 x 6 centímetros – na verdade, copiava-se o modelo que era tradição nos Estados Unidos desde o começo do século. Especialmente para este livro, o analista de sistemas catarinense Eder Daniel Corvalão, responsável pelo site www.cardspingpong.com.

br, fez um histórico da iniciativa que, três décadas depois, continua a manter uma legião de dedicados fãs em todo Brasil – só que ele conhece, são cerca de 150.

Em 2009, os cartões eram vendidos pela Internet em quantidades e preços surpreendentes. "Todas as coleções que vieram como brindes nos chicletes foram importantes para divulgar o produto, alem de aumentar as vendas, mas creio que certamente *Futebol Cards* foi a maior e mais bem sucedida experiência de 'brinde' nos chicletes brasileiros", afirma Corvalão. Ele conta que a promoção começou no segundo semestre de 1978, logo após a Copa do Mundo, recepcionada na Argentina e vencida por eles. Como todas as coleções de figurinhas têm um tempo estipulado para comercialização, não foi diferente com a série. Só que de forma diferente. Se as demais duravam entre três e seis meses, esta chegou perto de um ano.

Foram lançados inicialmente cards com os times de três estados: São Paulo, Rio de Janeiro e Rio Grande do Sul, num total aproximado de 240 cartões. "O êxito foi tão grande em vendas que não foi possível 'encerrar' a coleção no tempo em que tinha sido previsto", observa o colecionador. A Kibon, que fabricava o chiclete, além de manter a primeira série, lançou, então, novos cards dos mesmos times – uma espécie de atualização das equipes – e incluiu mais quatro times do Paraná, inclusive o Colorado, que seria extinto na década seguinte. No começo de 1979, veio a terceira "leva" de *cards*, com novos jogadores dos times de São Paulo, além de quatro clubes mineiros.

A coleção só terminou em meados daquele ano. No total, em 12 meses de promoção, foram 22 clubes selecionados, assim distribuídos por estados: São Paulo (Palmeiras, São Paulo, Corinthians, Portuguesa, Santos, Ponte Preta, Guarani e Botafogo de Ribeirão Preto), Rio de Janeiro (Vasco, Flamengo, Fluminense e Botafogo), Rio Grande do Sul (Grêmio e Internacional); Paraná (Londrina, Atlético, Coritiba e Colorado) e Minas Gerais (Atlético, Cruzeiro, América e Caldense). De acordo com Corvalão, a coleção completa, incluindo os *cards* de jogadores e também os cartões-controle – um para cada time, com a história do clube na frente e a relação dos jogadores para controle dos colecionadores no verso – era composta de exatos 486 cartões. Nessa conta entraram os *cards* que tiveram duas fotos diferentes para o mesmo jogador, como Zico, Sócrates, Falcão etc.

Cada envelope trazia um "chicletão" e três cards. "Eu comprei aos montes. Na época, tinha 13 anos e foi uma febre aqui em Santa Catarina, como no resto do país", recorda o colecionador. Por causa do Futebol Cards, explica ele, foram lançadas mais duas coleções distintas com o mesmo nome até a década seguinte, mas nenhuma repetiu o êxito da primeira: a de grandes jogos do campeonato brasileiro, no inicio da década de 1980; e a de adesivos para futebol de botão. "Esta última, devido à sua raridade, acredito que só circulou nos estados de São Paulo e Rio de Janeiro".

Da primeira série, alguns *cards* se tornaram folclóricos e até viraram "lenda" entre os aficionados. E deixaram muitos deles desesperados, pois constavam nos cartões de controle sua existência, mas nunca tinham sido realmente lançados: 182 – Alexandre (Guarani), 245 – Carlos Alberto Garcia (Vasco); 248 – Ivo (Palmeiras); 250 – Beto (Botafogo-RJ) e 478 – Gilberto (Caldense). "Pelo fato de seus nomes terem aparecido nos controles e também pela quantidade de *cards*, talvez tenha confundido o fabricante. Mas sempre surgia alguém afirmando (e até jurando) que vira um dos cinco *cards*, mas sempre na casa ou na coleção de algum amigo. Nunca se comprovou a existência dos mesmos", explicou Corvalão.

Se não bastasse toda essa confusão e muita polêmica entre os colecionadores que se consideram experts no tema, existe uma quantidade razoável de *cards* que não tiveram seus números e nomes listados nos controles dos clubes. Corvalão atribui isso aos sucessivos prolongamentos da coleção, com mais e mais lançamentos de estampas que acabaram por fugir ao controle dos organizadores da coleção. "Hoje, passados 30 anos desta fabulosa série, além dos próprios *cards*, são disputados entre os colecionadores os envelopes que, na época, o destino quase sempre era a lixeira. Até as caixas (embalagens) onde eram comercializados os *cards* são cobiçados por alguns", observa.

O colecionador contou que tentou fazer contato com alguém do marketing da Ping-Pong tivesse trabalhado na criação da coleção Futebol Cards. qualquer pessoa que tivesse atuado na sua promoção ou da agência de publicidade que cuidou da campanha de lançamento na mídia. Mas não obteve sucesso. Em 2004, enviou uma mensagem para a fabricante do chiclete e recebeu como resposta a informação que eles tinham vendido os diretos da marca Ping-Pong para a Adams (Warner Lambert). Nesta, disseram-lhe que não podiam ajudar porque a promoção acontecera na época que a marca era da Kibon. "Fiquei sem saída".

A Ping-Pong criaria um vínculo forte e duradouro com o futebol depois do sucesso de seus *cards*. Em especial, nos anos de realização da Copa do Mundo de Futebol. A série "Ídolos da Copa", em 1982, com os 11 jogadores e os mascotes de todas as 24 seleções que disputaram o mundial da Espanha, mobilizou milhares de colecionadores por todo país. Também fez uma coleção com jogadores do futebol brasileiro no ano de 1983. A marca distribuiu ainda álbuns e figurinhas nos campeonatos mundiais de 1986, 1990 e 1994, sempre com boas vendas.

## Monstros

Outro sucesso acima da média aconteceu entre 1987 e 1988, com a promoção *Ploc Monsters*, uma coleção de figurinhas no gênero transfix – aquelas em que, ao passar a unha com força no verso da estampa molhada na água, fixava-se o desenho sobre a superfície escolhida. No primeiro momento, foram feitas 80 figuras com desenhos divertidos de monstrinhos criados pelo artista gráfico Céu D'Elia. Cada criatura trazia o nome de uma pessoa – metade do sexo masculino (números pares) e metade do feminino (números ímpares) –, o que permitia brincadeiras entre amigos. Por causa da explosão nas vendas, 48 novas criaturas foram acrescentadas, num total de 128.

A promoção incluiu até comercial para TV com animações das figurinhas de Karen (27) e Tiago (52), que contracenavam com um grupo de crianças. *Ploc Monsters* atingiu a marca de 74 milhões de unidades vendidas, quando o Brasil tinha 120 milhões de habitantes. Crianças e adolescentes enchiam seus cadernos de escola com as figurinhas. A popularidade levou a Q-RefresKo a ampliar a série para mais de um ano e criou novos estímulos para manter as vendas aquecidas, como a troca de cinco embalagens do chiclete por um álbum em forma de pôster com espaços para "transfixar" as famosas figuras. O êxito ultrapassou as fronteiras dos chicletes de bola em 1988, quando Céu D'Elia ganhou o prêmio Top de Marketing daquele ano.

O mesmo artista foi convidado para cuidar das figurinhas da coleção seguinte, *Ploc Zoo,* que se estendeu de 1988 a 1989. Dessa vez, Ploc trazia desenhos de animais que se vestiam e se comportavam como humanos e tinham como nomes ou diminutivos ou apelidos dos monstros do *Ploc Monsters* – correspondiam também ao mesmo número da série antiga. Assim, a figura 1 de *Ploc Zoo* tinha o desenho de uma anta com o nome de Lú, que era o apelido de Luíza, estampa 1 da *Ploc Monsters*. Apesar da vendagem razoável, ficou longe dos números da anterior.

Foi criada, então, a *Ploc Monsters 2*, vendida entre os anos de 1989 e 1990. Também com 128 figurinhas e ilustrações de Céu D'Elia, trazia uma diferença: em vez de se usar nomes humanos nos desenhos, optou-se por expressões mais ou menos grosseiras que as pessoas usavam em seu dia-a-dia de forma séria ou por brincadeira e cada um deles era desenhado de acordo com seu nome – Sinistra (23), Encrenca (67), Salão-de-festa (78), Linguaruda (113) etc. O público não gostou. Apesar de manter o espírito irreverente, não trazia o espírito divertido da primeira coleção. As vendas foram decepcionantes.

As histórias em quadrinhos, no entanto, já tiveram seus tempos áureos nas figurinhas de chicletes. Mas a crise vertiginosa nas vendas de gibis em todo o mundo tornaram o gênero pouco atraente para figurinhas. Em 1978, por exemplo, quando a televisão levava para a sua programação desenhos animados e seriados com adaptações de super-heróis, a Ping-Pong marcou época com um inédito álbum dos personagens da Marvel Comics, liderados pelo Homem-Aranha e Incrível Hulk. No mesmo ano, logo em seguida, lançou um semelhante, só que com a turma de Super-homem e Batman, principais heróis da DC Comics. Xuxa, Angélica e Os Trapalhões, fenômenos da televisão brasileira na década de 1980, deram o tom nas promoções dos chicletes, com suas respectivas coleções de figurinhas pelas duas marcas líderes.

Um novo filão no segmento de figurinhas seria consagrado pela brasileira Riclan na década de 1990, cuja política agressiva de licenciamentos, com o lançamento de produtos modernos vinculados a artistas que faziam sucesso, permitiu-lhe abocanhar boa parte do mercado que antes pertenciam às poderosas Ploc e Ping-Pong – ajudada pela falta de investimento da então Warner Lambert, que comprara as duas marcas em 1999. Sheila

Melo e Sheila Carvalho (ambas do grupo de pagode É o Tchan!), Tiazinha, KLB, Zezé di Camargo e Luciano foram algumas das séries que alcançaram impressionantes vendas em pouco tempo de promoção.

As coleções dos chicletes Buzzy entre 1999 e 2009 revelam o quanto a marca se fortaleceu junto às crianças. A lista é grande dos produtos lançados a partir do cinema, da TV e dos quadrinhos. *Homem-Aranha 2*, *Hulk*, *Van Helsing*, *Pokémon 2000*, *Naruto*, *Padrinhos Mágicos*, *ET – O Extraterrestre*, *Dragonball Z*, *Looney Tunes In Action*, *Looney Tunes Back In Action*, *Superman* e *Robôs*. Outra aposta foi feita junto aos fãs de novelas e séries de TV: *Kubanacan*, *Da cor do pecado*, *RDB* e *Rebelde* 2ª Temporada foram algumas das séries de figurinhas. Os licenciamentos se estenderam aos Hot Wheels, às bonecas Barbie (mini-agendas e pôster) e Hello Kit, aos times de futebol, skate etc.

A dançarina Suzana Alves, apelidada de Tiazinha, a musa do sadomasoquismo juvenil e um fugaz mito de sensualidade da televisão acontecido entre 1998 e 1999 – misto de dançarina e *stripper* para adolescentes do programa "H", de Luciano Huck, na TV Bandeirantes –, ultrapassou a marca de 100 milhões de unidades vendidas em apenas três meses. As fotos sensuais das figuras – ela estava sempre vestida com seu uniforme: corpete, cinta-liga, meias e a máscara – levaram os chicletes Buzzy a serem proibidos de comercialização no Rio de Janeiro, em junho de 1999.

## Contra-ataque

Em 2002, a Ping-Pong Ploc (as duas tinham sido fundidas para uso num só produto) conseguiu dar o troco ao ataque da Riclan com a série dos os cantores Sandy & Júnior, que chegou a 160 milhões de unidades vendidas em menos de três meses. Foi como se cada um dos brasileiros tivesse comprado pelo menos um chiclete da marca entre fevereiro e maio daquele ano. A dupla era, então, recordista absoluta de venda de discos junto ao público infanto-juvenil, com grande exposição na mídia.

Todos esses artistas e personagens eram representados pela empresa Marcas Licensing e Marketing, do empresário Marcos Saraiva, que atuava com licenciamento de figurinhas de chiclete havia 22 anos. Saraiva tinha comercializado imagens desde astros da TV — Angélica e Feiticeira —, a estrelas da música — Zé de Camargo e Luciano e Tiririca —, e a personagens de desenhos animados e quadrinhos, como Disney, Turma da Mônica, Garfield e muitos outros. Ele explicou na ocasião, em entrevista ao autor deste livro (para a *Gazeta Mercantil*), que as fabricantes de chicles procuravam atrelar seus produtos às figuras em evidência na mídia porque acabavam vendendo mais e se beneficiando da exposição na de modo direto.

O agente observou que a produção dos álbuns de figurinhas era feita pelos departamentos de marketing dos fabricantes, mas sua empresa participava da localização e seleção das fotos a serem usadas. Às vezes, as fotografias eram realizadas exclusivamente para compor a coleção do produto – no caso de Tiazinha, por exemplo, ela fez 50 poses com várias roupas sensuais diferentes. A dançarina Joana Prado, a Feiticeira, outro fenômeno de sensualidade da TV, também posou para seu próprio álbum. O normal era que o primeiro álbum de um artista trouxesse imagens que formassem sua biografia, desde a infância até o dia a dia depois da fama. Saraiva também licenciava álbuns para venda em bancas de jornal.

No segmento dos chicletes de bolas, as vendas de Sandy & Júnior dimensionavam um fenômeno de mercado pouco perceptível e comentado: o de colecionadores de figurinhas no Brasil. Como Nilson Silva, que garantia ter milhares de títulos completos – as duplicatas chegava a comercializar por até R$ 2 mil. Desse universo, garantiu ele, mais de seis mil tinham sido produzidos por fabricantes de gomas de mascar. Segundo o colecionador, as empresas lançavam, em média, 120 álbuns de figurinhas por ano, entre os vendidos em bancas e os de chicletes. A maioria vinha de marcas regionais de médio porte que não chegavam aos grandes centros como São Paulo e Rio. Nilson possuía pérolas como a primeira coleção da Ping-Pong, sobre a aviação. Ou as séries de Bolão, lançadas a partir de 1962, com 100 figurinhas cada.

Esse tipo de brinde continuaria a ser uma atração para as crianças nos chicletes de bola na primeira década do século XXI. Mas parecem não ter mais o brilho de antes. Algumas experiências foram tentadas, como as estampas autocolantes e personagens famosos continuam a ser licenciados, como a animação japonesa *Naruto*, a sensação de 2008 e que chegou ao ano seguinte nos chicletes da Buzzy. O formato das figurinhas, no entanto, encolheu em várias marcas e cada vez menos álbuns são ofertados às crianças.

O avanço da Riclan não o único motivo para o início do declínio do Ping-Pong e da Ploc. Na verdade, a história das figurinhas de chiclete no Brasil sofreria um baque aparentemente irremediável a partir da década de 1990, quando as editoras Abril e Panini intensificaram sua guerra pelo licenciamento e domínio do mercado de álbuns de figurinhas para bancas de jornal. Esse embate fez com que as duas empresas pressionassem os licenciadores quanto à concorrência das figurinhas de chiclete. Daí os poucos álbuns que foram ofertados – alguns em forma de pôster – desde então, segundo uma fonte do mercado.

Não por acaso, portanto, que esse tipo de promoção foi descaracterizado. Tornaram-se, pode-se dizer, menos atraentes ou menos competitivos. Alguns cromos chegaram a ser distribuídos com apenas quatro centímetros quadrados (2 x 2 cm). Por essa lógica, o argumento das editoras seriam: por que as crianças vão comprar nossos pacotinhos e álbum, se podem conseguir "de graça" nos chicletes? A Panini, consultada em 2008 sobre o assunto, não quis se pronunciar.

Para as crianças, a Arcor tem diversificado suas figurinhas, nos últimos anos, com a inclusão de jogos de perguntas e respostas, piadas e tatuagens em suas estampas. "Todos esses brindes são cuidadosamente planejados, não têm qualquer conotação de significado violento ou religioso", afirmou Jorge Conti, diretor de marketing de guloseimas e chocolates da Arcor, em entrevista ao autor em 2002. Pesquisas realizadas pelo setor concluíram que os consumidores compram chicletes de bola porque gostam de completar as coleções, ao mesmo tempo em que elas permitem interagir com trocas entre os amigos. A conclusão é de longa data. E tem sido assim, a cada geração de meninos e meninas. Uma tradição que parece ter os dias contados.

## CAPÍTULO 7

Chiclete é atitude

Em novembro de 2002, a imprensa internacional noticiou que o fim da proibição, mesmo parcial, da venda e do consumo de chiclete em Cingapura, pequeno país do sudeste asiático, havia gerado polêmica porque o país tinha regras rígidas de comportamento e muitas pessoas foram contra a medida – considerada resultado de uma pressão comercial – e política – do governo americano. Assim, ficou decidido que seria permitida a venda do produto apenas para uso médico, a partir de 2004. A decisão dividiu a opinião pública nacional, como apurou a jornalista brasileira Sônia Ambrósio, que esteve em Cingapura na época. Ela conversou com vários moradores locais para saber o que tinham achado da medida como a vendedora Milini Choo, 23 anos, para quem o governo deveria liberar todos os tipos de chicletes. Já o comerciante Chia Che Keng, 38 anos, queria que a proibição integral fosse mantida.

Cingapura havia banido a importação, fabricação e venda de chicletes dez anos antes, alegando que gastava milhões de dólares com limpeza pública, por causa da dificuldade de remover as gomas de mascar das ruas. O recuo na decisão foi um dos mais difíceis pontos discutidos nos dois anos de intensas negociações comerciais com os Estados Unidos, segundo Tommy Kho, que representou o governo cingapuriano nas discussões. Kho contou que os dois lados chegaram a uma "solução habilidosa" ao classificar certos tipos de goma de mascar como produtos de uso médico. Desse modo, apenas chicletes sem açúcar e prescritos por médicos e dentistas, com fins terapêuticos, poderiam ser vendidos em farmácias.

A médica Lily Neo disse à Sônia Ambrósio que, havia anos, pedia ao governo que liberasse o consumo das gomas de mascar para fins terapêuticos. Uma delas seria a goma que continha nicotina e ajudava fumantes a lutar contra o vício. O farmacêutico David Woo afirmou à jornalista brasileira que o setor de publicidade médica do governo vinha divulgando que o chiclete sem açúcar aumentava a produção de saliva e ajudava a combater bactérias que permitiam o aparecimento de cáries. Enquanto o acordo comercial entre os dois países não entrasse em vigor, a lei seca continuava. Quem fosse acusado de importar chicletes poderia ser condenado a um ano de prisão e a pagar multa de US$ 5 mil.

A posse e o hábito de mascar chiclete, no entanto, não seriam mais considerados crime. Turistas também poderiam entrar no país com chicletes para consumo próprio. Enquanto durou a proibição, porém, a população do país havia encontrado diversas formas de burlar a lei para conseguir gomas. Era comum, por exemplo, encontrar adolescentes cingapurianos atravessando a fronteira malasiana para comprar chicletes. Para a empresária Bilon Ng, de 40 anos e mãe de três adolescentes, ouvida por Sônia, a proibição do chiclete era ultrapassada. Seu marido, Jack Ng, ao contrário, acreditava que o banimento tenha ajudado a educar o cingapuriano sobre os efeitos indesejáveis de chicletes grudados nos assentos de cinemas e atirados nas calçadas.

Como observou a autora da reportagem, o acordo de livre comércio entre Cingapura e os Estados Unidos foi o primeiro do tipo em um país da Ásia no sentido de eliminar tarifas no comércio de produtos eletrônicos, elétricos, químicos e de uso médico. O acordo incluiu ainda parcerias nos setores de turismo, telecomunicações e investimentos diversos. O veto às gomas de mascar acabou se transformando em uma das mais famosas leis do país, conhecido por ter uma das mais severas legislações para regular o comportamento público. Jogar lixo na rua, cuspir no chão, pichar muros, urinar em vias públicas ou fumar em pontos de ônibus foram ações que passariam a ser passíveis de punição com multas pesadas e prisão. A gota d'água para a proibição do chiclete aconteceu em 1992, quando jovens começaram a grudar gomas de mascar em grandes quantidades nas portas dos trens do metrô, o que impedia que elas se fechassem corretamente, causando atrasos e interrupções no transporte público.

Pouca gente sabe que o chiclete também fez parte da história no massacre de estudantes chineses em 4 de junho de 1989, ocorrido na Praça Tiannanmen ou Praça da Paz Celestial, em Pequim. Somente no dia 22 de outubro de 2002, mais de três anos depois do episódio, a agência de notícias Reuters divulgou uma curiosa fotografia onde apareciam policiais chineses, pacientemente retirando chicletes do chão da praça. Estima-se que durante os protestos, cerca de 600 mil chicletes mascados foram jogados no local e acabaram se fixando no asfalto. Na imagem, os "soldados-garis", de uniformes completos e impecavelmente arrumados, um deles com luvas brancas, limpavam o chão preparando o local para o Congresso do Partido Comunista no dia 8 de novembro daquele ano. A foto era "estranha e intrigante", segundo a Reuters, e foi assim interpretada: camaradas policiais que limpavam o chão para retirar o símbolo capitalista ocidental, o chiclete.

A força da foto era imensa, comentou o jornalista brasileiro Carlos Von Schmidt. "Revela que além do Mcdonalds, da Coca-Cola, outros produtos capitalistas do ocidente, como o chiclete, também fazem parte hoje do dia a dia chinês", escreveu. "Olho a imagem e pergunto: O que é que essa foto tem que a arte contemporânea da China, a arte da vanguarda chinesa, exposta na Fundação Álvares Penteado, até 3 de novembro, não tem? Por que a fotografia é tão verdadeira. Crível? É óbvio que sei a resposta. Não se escapa impune de uma revolução cultural, de uma lavagem cerebral gigantesca, de um patrulhamento ideológico brutal como o imposto à China por Mao Tsé Tung de 1966 a 1976. Não deve ser fácil ser artista plástico na China. É claro que é muito mais ser policial. Mesmo tendo que retirar chiclete de praça".

Repressão à parte, o chiclete sempre encontrou resistência entre os mais conservadores ao longo do século XX, quando se estabeleceu como negócio e ícone americano. E acabou envolvido em discussões nesse sentido, uma vez que nunca deixou de ser identificado como um produto tipicamente da cultura "imperialista" americana. Nos tempos da Guerra Fria, entre americanos e soviéticos, a partir da década de 1940, o repúdio se tornou ainda maior pela suposta futilidade da goma que teria sido criada pela maior potência capitalista do mundo apenas para arrancar dinheiro em grandes quantidades. Representava, assim, uma invasão econômica e alienante, pois se estabelecia de imediato como um hábito principalmente entre crianças e adolescentes, a ponto até mesmo de idiotizá-las.

No Brasil, a demanda por gomas de mascar no começo da década de 1950 seguia o deslumbramento da classe média nacional pelo "way of life" americano que praticamente invadiu o país depois da guerra – sabe-se, meio século depois, que havia uma estratégia orquestrada de combate ao comunismo na América Latina que incluía o colaboracionismo das empresas multinacionais, como mostra o ex-diretor da CIA, Stansfield Turner, em seu livro *Queime antes de ler*. Coincidência ou não, a chegada dos chicletes Adams aconteceu ao mesmo tempo em que várias multinacionais americanas montavam filiais no Brasil em parte como esforço para marcar presença no país nos anos que se seguiram ao fim da Segunda Guerra Mundial. O lançamento da edição brasileira da *Seleções do Reader's Digest*, em 1943, tinha o suporte financeiro da Fundação Nelson Rockfeller, engajada na luta contra o comunismo internacional na América Latina.

Ainda na década de 1940, a revista *Seleções* chegou à impressionante tiragem de 500 mil exemplares mensais, numa época em que a população brasileira era de 40 milhões de habitantes. Esse era o mesmo número de revistas vendidas pela *O Cruzeiro*, que circulava desde 1928 e pertencia ao magnata na imprensa nacional Assis Chateaubriand (1892-1968). Praticamente todas as multinacionais americanas anunciavam na revista, o que lhe permitia um preço bem abaixo da média do mercado ou que cobrisse seus custos gráficos e editoriais – quase exclusivamente de traduções. A Adams foi um desses anunciantes regulares. Estava claro que o chiclete, em especial, era um dos produtos que mais se identificavam com a cultura e o modo de vida americano, uma vez que se tratava de um produto criado naquele país.

Para muitos jovens, todas essas novidades surgiram como uma oportunidade para se tomar um "banho de civilização" como viam no cinema. Eram o que o Brasil precisava para se modernizar. Isso aparecia em atos do dia a dia como o consumo dos sucos V-8, da Quaker Oats, e de enlatados como Swift. Na cozinha, chiques eram as donas de casa que usavam os eletrodomésticos importados da General Electric (GE) – que passou a montá-los no país. A moda do momento incluía usar óculos escuros da marca Bausch & Lomb. Fazia-se barba não com perigosas navalhas, mas com as lâminas seguras da Gen, folheadas a ouro. Os dentes tinham de ser limpos com escovas Prophylactic, a única capaz de realmente limpá-los.

Seguiam-se outros itens que começaram a tomar conta das prateleiras e que eram outras novidades que chegavam da América como os supermercados, que mexeriam com o comportamento do consumidor, fechariam quitandas e mercadinhos e afetariam as feiras. Em seus amplos espaços, podia-se comprar desde xampus Fixbrill e Brylcreem a desodorantes Magic e talco Night & Day. Nos magazines e lojas de móveis, havia vitrolas portáteis Silverstone e rádios da marca Zenith. Ouvir astros do rock'n roll como Bill Halley e seus cometas e Elvis Presley mascando chiclete era o máximo da modernidade juvenil que o cinema promovia da próspera América.

O professor e pesquisador Antonio Pedro Tota acompanhou de perto o chamado processo de "americanização" do brasileiro a partir da guerra em diversos aspectos. Adolescente na década de 1950, ele contou que gostava de ir regularmente à rua Augusta, região do bairro do Jardins, em São Paulo, para comer num local chamado "Hot Dog", que apresentava a novidade do sanduíche de pão com salsicha, acompanhado de catch-up e refrigerante (Coca-Cola), sempre comido em pé. "Chamava a nossa atenção a mania de limpeza do lugar, algo tipicamente americano". Graças ao cinema, observou ele, o costume estrangeiro de mascar gomas foi levado a outras partes do mundo e estimulou, ainda mais, seu consumo e sua popularização no Brasil.

## Resistência

Enquanto os críticos em vários países começavam a ver de forma negativa a chegada do chiclete, nos Estados Unidos durante a Segunda Guerra Mundial, o produto teve um lado lúdico quando sua imagem foi atrelada a um outro ícone da cultura americana no século XX: a *pin-up* – sim, aquelas garotas levemente erotizadas, quase ninfetas, de jeito sensual e inocente, com decotes generosos e pernas de fora que dominavam as magazines. Talvez o maior de todos os artistas do gênero, o peruano naturalizado americano Alberto Vargas

(1896-1992) fez uma série de 40 *pin ups* na segunda metade da década de 1940 denominada de Varga Girls para a marca de chicletes Super Sticker.

A história do chiclete, no entanto, registra resistência ao seu consumo até mesmo no país onde o produto foi criado. Para alguns americanos, era uma vergonha que a maior potência do mundo ganhasse dinheiro e fosse conhecida no exterior como o lugar onde se fazia borracha açucarada para as pessoas ficarem mastigando. Na opinião desses críticos, mascar goma parecia muito com o ruminar de um bovino ou caprino que, incansável e demoradamente, digeria o capim na boca como parte da digestão. Uma opinião, aliás, divida com os estrangeiros que combatiam o regime capitalista americano.

Na contramão dessa visão, o chiclete adquiriu um sentido de símbolo de rebeldia da juventude americana a partir do fim da Segunda Guerra Mundial. O humorista, colunista de jornal, ator e editor americano Robert Benchley (1889-1945) – famoso nas décadas de 1930 e 1940 como membro do grupo mais legendário das artes americanas, o qual se reunia numa mesa redonda no hotel Algonquin, em Nova York – disse certa vez que o maior de todos os movimentos da história sempre fora "o das mandíbulas mascando Chiclets ou goma", tamanha era a sua popularidade na época em todas as classes sociais e idades.

Na verdade, desde a década de 1930, no cinema, não foram poucos os filmes de gangsters que traziam criminosos e até mesmo alguns policiais menos convencionais mascando chicletes. Depois da guerra, personagens jovens desajustados ou transviados usavam o chiclete para ruminar e, assim, provocar seus interlocutores: pais, professores e autoridades. Eram supostamente os rebeldes sem causa, filhos da classe média de um país que era a maior potência do mundo, mas se a América vivia um esplendor da prosperidade econômica, a juventude do pós-guerra tinha de enfrentar a angústia de um destino que lhe parecia usurpado e inevitável: a impossibilidade de futuro, de viver até a velhice, de fazer planos para viver todas as etapas da vida, uma vez que pairava sobre sua cabeça a ameaça de se dizimar a vida na Terra por causa de uma guerra com bombas atômicas.

Aos poucos, mudanças de comportamento sinalizavam para a máxima "viva intensamente o hoje porque pode não haver amanhã". Um preceito que seria radicalizado depois para a tríade sexo, drogas e rock'n roll. A partir dessa premissa surgiu uma série de movimentos e tendências que desaguariam na contracultura dos anos de 1960: desde o rock and roll e a literatura *beatnik*, os quadrinhos de humor da Mad e de terror da EC Comics, com seus monstros comedores de cérebros, ao que se poderia chamar de cinema transviado. Jovens inconformados ignoravam o perigo dos rachas de carros, da liberdade sobre quatro ou duas rodas, usavam jeans – tanto homens como mulheres –, calças cigarretes até os tornozelos, sapatos baixos, e, para as garotas, suéter. Nesse universo, o chiclete se tornou um elemento importante de provocação.

Surgiam as gangues de motocicletas, que queriam viver livremente, beber, brigar, mascar chicletes (e colar a goma usada em lugares públicos) e cuspir em cima da lei. Quando circulavam pelo interior, esses motoqueiros causavam pânico nos pacatos e muitas vezes conservadores moradores das prósperas cidades da América. Além do estilo agressivo até mesmo no visual, eles davam muito trabalho às autoridades. Para o jovem, porém, ser rebelde era principalmente adotar um novo estilo de vida de seus pais, responsáveis de certa forma por aquele estado de coisas, pela bomba atômica e por defenderem um jeito de viver ancorado na prosperidade e na riqueza. Assim, o que ia ao encontro ao ideal de vida norte-americano, que pretendia ser a referência planetária para seu sistema político e econômico capitalista de sucesso ante a ameaça do comunismo de Moscou.

Já no final da década de 1940, John Garfield (1913-1952), o primeiro astro com cara de operário fazia filmes sobre o levante juvenil da América em filmes como *O destino bate à sua porta* (1946). Em sua curta carreira, consagrou a imagem de *infante-terrible* do cinema – seria acusado de comunista e incluso na lista negra da indústria do cinema, o que teria sido o principal motivo para o infarto fulminante que sofreu. No auge da paranoia da caça aos comunistas, Marlon Brando (1924-2004) foi o rebelde que mais teve sua imagem ligada ao chiclete desde que sugeriu um visual displicente no filme *Um bonde chamado desejo* (1951) e transformou a camiseta branca em um símbolo da juventude, enquanto James Dean (1931-1955), no filme *Juventude transviada* (1955), com blusão de couro, jeans e chiclete na boca plantava a semente da contracultura.

O chiclete marcaria para sempre a imagem do ícone criado pelo sempre inconformado e turrão Brando. Em *O selvagem* (1953), de Laslo Benedeck, ele interpretava John Strabler, líder de uma gangue de motociclistas chamada Black Rebel Motorcycle Club, que percorria a América em busca de diversão em todos os sentidos do termo – de festas e garotas a brigas e arruaças. A goma de mascar, claro, era a sua companhia constante. Em *Sindicato de ladrões* (1954), de Elia Kazan, ele fez o papel Terry Malloy, um ex-boxeador que era usado, sem saber, para atrair à morte um jovem trabalhador do cais do porto que ousou desafiar o chefão do sindicato. Só que ele se apaixonava pela irmã da vítima.

Miguel Angel Schmitt Rodriguez lembrou que o ator fez um bobo desmoralizado, tido como um "vadio" pelos criminosos que o conhecia. "Pensamos que a característica de Terry como pessoa de coração puro, e que tem a missão de conquistar e resolver os problemas de Edie, não combina com cigarros. Parece que para substituir esse acessório o diretor preferiu outra marca que o distinguisse dos demais: o hábito de mascar chicletes". Numa das cenas do filme, quando Terry era encontrado por agentes, ele conversava normalmente com os policiais, mas mantinha uma postura de pouco caso, "mascando chiclete e olhando para os lados como não desse a mínima para os policiais", escreveu Antonio Junior.

De acordo com o crítico, a cada sequência Brando conseguia se expressar num realismo pleno. Sua postura com pequenos gestos (ações) mostrava quem era Terry. "No início do filme, quando ainda pactuava com o sindicato, ele joga no chão as esmolas para o mendigo. Com esse simples gesto temos a contradição do personagem que aparenta ser mau, mas no fundo tem bom caráter", escreveu. Para Antonio Junior, a postura de Terry frente à personagem de Edie (Eva Marie Saint), a mocinha do filme, era muito mais gentil. "Até o jeito de mascar seu chiclete é sutilmente diferente, com mordidas mais leves e não tão bruscas como de costume".

Mas foi um Brando mais maduro que interpretou uma das cenas mais famosas do cinema ligadas a goma de mascar. Em *O último tango em Paris* (1972), de Bernardo Bertolucci, ele fazia um americano de 45 anos que morava em Paris e vivia atormentado pelo suicídio de sua esposa. Até que conhece uma beldade parisiense de 20 anos (interpretada por Maria Schneider), noiva de um jovem cineasta e partiram para satisfazer seus desejos sexuais em um apartamento vazio, disponível para alugar. Ao final, depois de ser baleado pela ex-amante, seu personagem caminhava lentamente até o balcão do quarto e, antes de morrer em posição fetal, tira o chiclete da boca, grudando-o na grade à sua frente.

Logo depois do filme de Bertollucci, o chiclete ganhou vida e aparecia num papel dos mais assustadores num clássico dos contos de fadas contemporâneo, o filme *A fantástica fábrica de chocolate*, do diretor Mel Stuart (1971), baseado na obra do escritor inglês Roald Dahl. Charlie é um garoto comum que vive com seus pais e avós numa pequena casa na Inglaterra, cujo sonho era encontrar um bilhete premiado que lhe permitisse visitar a maior fábrica de chocolates do mundo, que pertencia ao excêntrico e lunático Willy Wonka. Sua empresa era um mistério, ninguém era visto saindo ou entrando em sua fábrica. O garoto foi o último de cinco crianças a conseguir o bilhete, que veio na barra de chocolate que ganhou dos avós como presente de aniversário.

Charlie, além de pobre, era bonzinho enquanto os outros, ricos e mimados, não tinham limites para conseguir o que desejassem. Não respeitavam os pais e eram mal educados. Um dos premiados era um menino muito guloso. Outra, uma garota riquíssima e egoísta. Um terceiro era viciado em televisão e uma menina apaixonada por chiclete. Durante o passeio, cuja entrada foi transmitida pela TV para todo o planeta, Wonka acabou por dar uma lição a todas aquelas crianças insuportáveis – menos o pobre e bom Charlie, claro. O primeiro a ser eliminado foi o guloso Augustus Gloop, que, desobediente, ao beber o chocolate do rio, caiu e foi sugado por um cano que levava o chocolate para o resto da fábrica.

A próxima vítima seria Violet Beauregarde, a mocinha louca por chiclete. Wonka levou seus convidados para a sala das últimas invenções, onde mostrou um chiclete que valia como três refeições. Violet, descontrolada, pegou um e começou a mascar, sem dar atenção ao aviso do anfitrião de que a invenção não estava concluída. Depois de sentir a entrada e o prato principal, Violet se maravilhou com o chiclete, sem saber da torta de amora, que deveria ser a sobremesa. De repente, no entanto, a menina começou a ficar azul e inchar, até que virou uma amora! Os pequenos duendes Woompa Loompas apareceram e cantaram uma música cuja mensagem era: mascar chiclete o dia inteiro poderia ser prejudicial à saúde.

Na refilmagem estilizada do diretor Tim Burton, de 2005, Violet apareceu também como a garota louca por chicletes, só que mais moderninha. Ela se tornou a terceira ganhadora do bilhete premiado. Moradora da cidade de Atlanta, Geórgia, Estados Unidos, onde o mundo não girava exclusivamente ao redor da bola de chiclete, como na versão original. Tinha entre seus hábitos a luta de caratê. Seu principal dom, no entanto, era a "arte" de mascar gomas. Em suas palavras e nas de sua mãe ela era uma "vencedora". Afinal, com apenas 10 anos, ela acumulava uma coleção de 263 troféus e medalhas – um deles simbolizava o recorde mundial de mascar mais chicletes. Para levar o prêmio, fez isso durante três meses seguidos. Dessa vez, ela desaparece num acidente inesperado e inacreditável na importante sala de invenções.

É impossível mapear os filmes em que personagens mascam chicletes com os mais diversos significados. Muitas vezes, o sentido é de pura irreverência. Basta ver os cartazes dos filmes *O candidato* (1972) e *Cookie* (1989), por exemplo, nos quais os personagens principais aparecem mascando chiclete. O primeiro, com Robert Redford, ganhou o Oscar de Melhor Roteiro em 1972. O astro fazia o papel de Bill McKay, candidato do Partido Democrata ao Senado dos Estados Unidos. Homem de integridade e ideais, ele tentava resistir a não se deixar manipular pela máquina política americana. Marcou época e se tornou premonitório sobre o escândalo que derrubou o presidente Richard Nixon dois anos depois, ao apresentar uma incisiva visão de como publicitários, assessores de imprensa e empresários de comunicação se envolviam numa campanha eleitoral. No pôster, ele aparecia com uma bola de chiclete na boca.

O mesmo aconteceu na comédia irreverente na qual Peter Falk fazia o mafioso Dominick "Dino" Caprisco. Depois de sair da cadeia, disposto a retomar seus negócios criminosos, ele percebeu que a polícia o vigiava ele, enquanto os antigos comparsas tramavam sua morte. A atriz inglesa Emily Lloyd – que aparecia no cartaz do filme com uma bola de chiclete na boca – fazia a espirituosa Cookie. Curiosa também é a capa da caixa com os DVDs da primeira temporada da série de TV *Dead like me*, de 2003, em que a morte – tradicionalmente representada com uma foice e um capuz preto – fazia uma grande bola de chiclete. O seriado contava a história de Georgia, uma colegial entediada que morria depois de ser atingida na cabeça por um vaso e se transformava num uma ceifadora a serviço da morte.

Nos últimos anos, a goma de mascar inspirou também o mundo dos quadrinhos. O estúdio italiano da Disney – um dos que mais produzem quadrinhos no mundo de Mickey e companhia – chegou ao ponto de criar um personagem alucinado por chiclete. No Brasil, a editora Abril o batizou de Gominha, publicado pela primeira vez em *Pato Donald Especial*, em dezembro de 1989, com a aventura "O golpe do Chico Chiclete". Gominha era um misterioso arrombador de fábricas de chicletes de bola que deu muito trabalho para o Superpato no passado, por causa de seus poderes com a goma de mascar. Segundo o professor Pardal, que descobriu seus poderes, o criminoso conseguia catalisar a composição molecular da goma de mascar, transformando-a no que ele quisessse – como, por exemplo, divertidos cavalos de borracha que saltavam como bumerangues nas ruas. "Talvez fosse um extraterrestre", especulou o cientista. Ao final, porém, ele se tornou aliado do Superpato e amigo dos sobrinhos de Donald.

## Insatisfação

Na faixa dos consumidores que vai dos 2 aos 12 anos, faz muito tempo que a presença do chiclete costuma ter também uma função importante que alguns dos pais não percebem, mas que os psicólogos e fabricantes conhecem bem: pela goma de mascar, a criança também mostra sua insatisfação e rebeldia em casa e na escola, mesmo inconscientemente. O ato de mascar se torna um desafio à autoridade paterna ou escolar por causa da repressão ao consumo excessivo dos chicletes de bola — por provocar cárie, prejudicar a formação dos dentes etc. Assim, estabeleceu-se que não deve ser consumido antes das refeições, não é permitido fazer e estourar bolas em salas de aula, colar no cabelo da irmã, blá-blá-blá, blá-blá-blá, blá-blá-blá.

No decorrer das décadas, o chiclete influenciou outras formas de comportamento e se transformou num termo figurado para definir várias situações e tipos de pessoas: a chata, a pegajosa, o sujeito que gosta de "grudar" nos outros. Significou ainda aquela música excessivamente comercial que "gruda" fácil – como o chiclete – no ouvido ou no gosto do público. Serviu ainda como uma gíria breve, que logo seria esquecida, como aconteceu na década de 1950. Naquele tempo, "jogar um chiclete na mina" seria o mesmo que lhe dar uma cantada.

Muitos anos depois de ver construída em torno de si uma história que misturava sucesso empresarial com polêmica ideológica e por parte dos dentistas, o chiclete continuava a ser uma referência de atitude e comportamento no Brasil na virada para o século XXI. Um bom exemplo disso aconteceu em 2001. Na edição de domingo, 21 de outubro daquele ano, o *Jornal do Brasil*, do Rio de Janeiro, destacou na capa de sua revista uma reportagem dos jornalistas Priscila Monteiro e Luciano Viana intitulada "O Ploc que não é chiclete". O texto falava de uma "nova tribo zanzando pela noite da cidade" e que tomava para si o nome da famosa goma de mascar.

Descreveram os jornalistas: "O jeitão é engraçado e boa praça, as roupas parecem de criança e o nome é idêntico ao de uma velha marca de chiclete: Ploc. Eles podem ser encontrados na Casa da Matriz, às segundas-feiras; e na Bunker, aos sábados. Têm visual coloridíssimo, gostam de colecionar brinquedos e acessórios fofinhos e são fãs de histórias em quadrinhos e desenho animado". Era, segundo eles, uma turma cheia de nostalgia e hábitos estranhos. "Trabalham e saem a noite com lancheira das *Garotas Superpoderosas* a tiracolo, assistem ao *Laboratório de Dexter*, no Cartoon Network, e são fanáticos por *Hello Kit*. Gostam de ouvir Pato Fu e acham as meninas da banda Penélope umas lindinhas".

Os meninos e meninas da geração Ploc tinham até cabeleireiro próprio: o salão Hush Hush, em Ipanema, onde cortavam o cabelo de preferência fazendo uma mecha ou outra colorida. Também adoravam os acessórios de pelúcia da loja Vale das Bonecas, na Galeria River. "Os mais riquinhos chegam a viajar a São Paulo para comprar as roupas de colegial do estilista Marcelo Sommer". Também adoravam a banda de soft rock Belle and Sebastian. Segundo o jornal, a mania desses adultos de se vestirem como crianças era uma novidade relativamente recente.

Teria nascido no universo *clubber*, mas se expandiu para muito além das *raves*, sobretudo no Rio. "Nesta passagem do escuro das boates para o cotidiano dos escritórios e universidades está a gênese da tribo Ploc. Em pouco tempo, as roupas com motivos infantis começaram a pipocar por todos os cantos da cidade. Faltava dar o nome para esse povo diferente que não tinha o moicano dos *punks*, as batas dos *hippies*, o preto dos *darks* nem, mais recentemente, o visual *cyber* dos *clubbers*". A expressão surgiu da mistura de um sucesso musical com o efeito provocado pelo *ecstasy* nas pessoas, cuja sonoridade era o nome do chiclete. Dois anos antes, havia explodido nos templos *clubber* a música "Bug Monster", do DJ e produtor americano Armand Van Helden. Nas pistas, ela ganhou o apelido de "Ploc monsters", por causa da coleção de figurinhas do chiclete que marcou a década de 1980.

Virou moda, então, dizer que a pessoa que tomava a droga ficava "plocada", ficava "*monster*". Aos poucos, escreveram Priscila e Luciano, a gíria deixou de ser usada para rotular apenas amantes do *ecstasy* e passou a identificar as tribos dos coloridinhos das pistas. "Por enquanto, Ploc é uma denominação exclusivamente carioca. Em São Paulo, considerado o berço brasileiro das tribos moderninhas, a turma que cultuava tudo o que era ligado à infância e que adora sair à noite tem outro nome: *clubber kids*". Se toda tribo que se prezava tinha forte identificação com alguma parte do globo – como São Francisco, para os *hippies* nos anos de 1960 –, a meca Ploc era o Japão, terra dos mangás (histórias em quadrinhos) e onde os jovens se vestiam de personagens de gibis como as heroínas Saylor Moon, Saylor Vênus e Saylor Mercúrio.

O elemento comum que unia os integrantes do mundo Ploc, de acordo com o *Jornal do Brasil*, resumia-se à roupa e ao gosto cultural e musical. Não havia qualquer ideologia por trás. "Dois *hippies* podiam discordar um do outro em algum ponto menor, mas todos abraçavam a causa da paz, da revolução sexual e da liberação da maconha. Já entre os Ploc é possível encontrar pessoas a favor ou contra a pena de morte, o consumo de *ecstasy* nas pistas e a monarquia como única alternativa de governo viável para salvar o país da bancarrota". Essa falta de conteúdo ideológico supostamente explicava, disse o jornal, a rapidez com que as tribos apareciam e sumiam, como as grunges de camisas de flanela e bermudões no início dos anos de 1990. Coincidência ou não, foi o que aconteceu com a garotada da turma Ploc pouco depois.

Ainda no quesito comportamento, a goma de mascar também inspirou um tipo dos mais modernos, como estampou em sua capa a revista *MTV* número 42, de novembro de 2004: "O casal chiclete". Essa era a denominação dada aos namorados que comungavam todo tipo de intimidade, mas continuavam cada um morando na casa de seus respectivos pais. "Eles dividem a cama, o armário e os amigos. Vinte e poucos anos de idade, vão ao cinema, saem para jantar com os outros casais e levam até o filho à escola. Apesar de passarem a maior parte do tempo juntos, acham que ainda não estão na hora de casar de verdade", escreveu a repórter Malu Vergueiro. Para ela, esses "mini-casados" viviam somente o lado bom do casamento e deixavam a parte chata para os pais. Ou seja, as contas a pagar e as responsabilidades de tocar uma casa. "Por enquanto, só estão brincando de casamento".

Nos novos tempos de revolução digital e da indústria química, o chiclete continua forte. E cada vez mais consumidos pelos adultos. Um pequeno gesto de subversão, porém, parece condenado a desaparecer: colar chiclete já mascado e sem serventia sob a borda da mesa ou da cadeira do ônibus, do cinema, da escola ou da empresa. Em março de 1999, essa mania foi considerada com os dias contados. A indústria europeia estaria pesquisando de onde vinha a força pegajosa da guloseima – a mesma que tanto ajudou o herói Macgyver, da série televisiva *Profissão: Perigo*, a pregar explosivos mirabolantes que ele criava, pois estava sempre com um providencial chiclete na boca.

Descobriu-se que não era das ligações químicas dentro dela, consideradas frágeis. "Se dependesse só disso, o chiclete seria 10 000 vezes menos grudento do que é", disse o físico Ludwick Leibler, da empresa francesa Elf Atochem. Para ele, o segredo estava em bolhas de ar que se misturavam à goma quando ela era mascada. Testes de laboratório mostraram que, se tentasse desgrudá-la de algum lugar, as bolhas resistiriam ao puxão, pois demoravam para arrebentar. Só depois disso, a massa borrachenta se soltava. Dez anos depois, em 2009, o tal chiclete não grudento não tinha ainda chegado ao mercado. Pelo menos no Brasil. E a goma de mascar continuava fazendo estragos em pequenos gestos subversivos. Por que essa parece ser, sem nenhuma dúvida, a sua sina.

A resistência a seu consumo também continuou no novo século. Um bom exemplo disso apareceu na comédia *O homem da casa* (Man of The House), de 2005, filme do diretor Stephen Herek. Na trama, Tommy Lee Jones fez um policial texano Roland Sharp, daqueles que seguiam as leis à risca. Durante uma perseguição a um informante que era peça chave para o desfecho de um crime, ele contou com a ajuda do pastor Percy Stevens ('Cedric The Entertainer'), que tinha sido um ex-presidiário convertido. Mas quando o homem que ele perseguia também foi assassinado, o cabeça-dura Sharp foi designado para proteger as únicas testemunhas do crime, um grupo de beldades, líderes de torcida da Universidade do Texas. Para isso, passou a atuar sob disfarce, sendo obrigado a morar com as cinco universitárias incontroláveis. Quando uma delas lhe ofereceu goma de mascar, o policial a repreendeu com rigor: "O chiclete é a prova do declínio da civilização ocidental. Ele esconde as suas impressões".

Aliás, se tem algo que o tempo parece não apagar jamais é a ligação direta que existe (e foi estabelecida) entre a goma de mascar e a cultura americana. Poucos produtos simbolizam tanto a América ao longo do século XX como a goma de mascar. E os próprios compatriotas do produto se esforçam para que isso permaneça. Não por acaso, a agência internacional *France Press* distribuiu no dia 31 de março de 2009 uma imagem registrada pelo fotógrafo Don Emmert das mais curiosas: um quadro exposto Museu Ripley's Believe It or Not (acredite se quiser), em Nova York, com o retrato do presidente Barak Obama feito com nada menos que exatas 12.784 bolinhas de chiclete. A obra tem cerca de dois metros quadrados e foi feita pelo artista plástico Franz Spohn, com a ajuda de crianças de uma escola de Ravenna, Ohio.

## Mudanças

Os tempos, porém, mudam sempre. A indústria do chiclete tem procurado fazer ações politicamente corretas e que demonstram sua preocupação social, em contraposição à imagem negativa de que fazem mal à saúde bucal das crianças. A Cadbury Adams, por exemplo, mantém uma linha de programas de esportes, voluntariado corporativo e oferece oportunidades de desenvolvimento a todos os seus empregados. Como informa o texto institucional da empresa disponível no seu portal na internet, o projeto Bate Bola, por exemplo, foi iniciado em 2003 na antiga fábrica da empresa, em Guarulhos, com o objetivo de promover a inclusão social de crianças e adolescentes por meio do esporte.

A iniciativa deu tão certo que foi expandido para a cidade de Bauru, interior paulista, onde a empresa tinha uma fábrica. Ali, cerca de 400 crianças do município recebiam educação, reforço alimentar e aulas de esportes. Em 2006, a empresa ampliou o projeto e fechou uma parceria com a Igreja Nossa Senhora de Achiropita para atender cerca de 300 crianças da região central da cidade de São Paulo. Outras 300 continuavam participando do programa pioneiro em Guarulhos.

Outra iniciativa, o Purple Goes Green, foi lançada pela Cadbury Adams em julho de 2007. Sua finalidade era mostrar e promover as ações da companhia relacionadas às mudanças climáticas que têm ocorrido nas últimas décadas por causa de ações do homem contra o meio ambiente. Dessa forma, tem procurado diminuir o uso excessivo de energia, água e embalagens, a fim de reduzir o impacto que suas atividades causam à natureza. A preocupação relacionada ao tema levou a empresa a instalar, em 2003, a Estação de Tratamento de Efluentes [resíduos industriais] da planta de Bauru e à criação dos programas de coleta seletiva de lixo e reciclagem tanto nos seus escritórios quanto nas fábricas.

Como empresa responsável, a Cadbury Adams afirmou que respeita os direitos trabalhistas existentes nos países em que atua. "E preza pelo tratamento digno e igualitário a todos, além de desenvolver programas de incentivo a talentos na empresa, investimento em formação e capacitação técnica, entre outros". Um dos benefícios oferecidos, desde o início de 2007, tem sido o programa SuperAção, que incentiva práticas esportivas, com supervisão de profissionais especializados, avaliação física e nutricional periódica, além de apoio para a busca de um estilo de vida mais saudável. O Cuide-se Bem, desenvolvido no escritório em São Paulo e na fábrica de Bauru, tem por objetivo proporcionar aos funcionários melhor qualidade de vida no trabalho. Todos têm à sua disposição sessões de ginástica laboral e massagem, gratuitamente.

O assunto é interessante e leva a um questionamento: qual é o impacto das gomas usadas no ambiente? Não se sabe quanto tempo leva para que um chiclete para se desintegrar. Se o mundo masca toneladas do produto por dia, que fim essa matéria transformada quimicamente tem?

# CAPÍTULO 8

Chiclete também é cultura

Num ensaio sobre os "bons tempos" que eram os anos de 1950 – quando, contraditoriamente, o mundo também vivia o risco de uma guerra nuclear –, o jornalista Márcio Cotrim lembrou o quanto a vida fluía fácil e até ingênua no Brasil da época. "Os americanos dividiam o poder com os soviéticos, mas estes, distantes, não entravam muito em nossas cogitações diárias. O *"american way of life"* se impregnava em cada suspiro tupiniquim. Essa pacífica invasão se traduzia em coisas como os chicletes Adams, passava pelo delicioso e exclusivo aroma do interior das lojas Sears e chegava às telas dos cinemas. O Brasil aderiu de bom grado. Também, pudera. A onda trazia charme, gente bonita e alegria esfuziante".

Quando o chiclete chegou, o Brasil se americanizava. Nossos mitos e heróis não vinham mais do folclore, mas do cinema e das histórias em quadrinhos. A literatura e a música também tinham sotaque inglês – embora continuasse influenciado pela cultura europeia, em especial, a francesa. São Paulo tinha, então, um milhão de habitantes. Para tudo se adotou nas grandes cidades a expressão OK e era comum se ouvir garotas mais "avançadas" dizerem "*Come on, boy*" de brincadeira. Os meninos retribuíam e diziam: "Olha que *girl* mais linda, *All right*". O escritor Ignácio de Loyola Brandão observou depois: "E o que mais se via nos filmes, para inveja nossa? Todo mundo mascando Chiclets. Rapazes dançando, passeando e mascando Chiclets. Estavam nos *campi* e mascando Chiclets. Na literatura também se falava em goma de mascar porque na verdade ela era uma instituição. As meninas loirinhas faziam sucesso, tiravam a goma da boca, beijavam os namorados. Uma sensação".

O chiclete simbolizava uma das modernidades americanas naquele Brasil que tentava se industrializar sob o comando de Juscelino Kubitschek. Nas casas da classe média, onde o dinheiro fluía seguro num tempo de inflação baixa, todos tinham de ter uma geladeira GE. Pelo menos o aparelho estava ao alcance de todos. Entre a garotada carioca e paulistana, era preciso ouvir música, dançar rock'roll, usar óculos Totalex, brincar de bambolê, usar calça jeans sem barra, dobrada para fora, vestido rodado, óculos de gatinhas, topete com brilhantina, camiseta branca e mascar chiclete. Os mais endinheirados paravam o trânsito com seus carrões com rabo de peixe. No cinema, rapazes se inspiravam na virilidade de Brando, enquanto as mocinhas se espelhavam em Ava Gardner, Elizabeth Taylor, Marilyn Monroe e Kim Novak. Nos bailinhos, não podia faltar o embalo de todas as horas de Bill Haley e seus Cometas.

Uma tendência que chegou ao Brasil pelo rock´n roll em meados dos anos de 1950, "a música de quem quer matar o pai", como diziam os jovens, repudiada pelos mais velhos, que consideravam aquilo um modo de vida decadente e insano. As músicas eram importadas dos Estados Unidos, assim como o jeito de se vestir dos "rebeldes sem causa", difundido nas telas de cinema em filmes como *Sementes da violência* (Blackboard Jungle, 1955), de Richard Brooks, que causou quebra-quebra nos cinemas de todo país e virou a cabeça do músico baiano Tomzé. Como escreve Murilo Lopes de Oliveira, o *"american way of life"*, ao mesmo tempo em que deu ao jovem brasileiro da classe média uma sensação de liberdade e prazer, trouxe uma desigualdade social muito grande pelo monopólio industrial às famílias de classes mais baixas.

A onda de "americanização" da cultura brasileira que se deu em várias frentes ao longo da década de 1950 acabou por inspirar o compositor baiano Waldeck Artur de Macedo, Gordurinha (1922-1969), a compor uma crítica musicada que intitulou "Chiclete com banana", gravada pela primeira vez em 1958 pelo "Rei do ritmo" Jackson do Pandeiro, pseudônimo do paraibano José Gomes Filho (1919-1982), cantor e compositor de forró e samba. Autor do clássico *Baiano burro nasce morto*, Gordurinha começou profissionalmente na Rádio Sociedade da Bahia, de Salvador, aos 16 anos, onde ganhou o irônico apelido por ser muito magro. Não podia ser diferente com alguém que atraía todas as atenções por sua capacidade de fazer piadas e sátiras de quaisquer situações.

Depois de ficar conhecido na Bahia como humorista de rádio, Gordurinha trabalhou em uma companhia teatral, com a qual viajou por todo o país. Tentou carreira no Rio, mas não deu certo e se mudou para Recife, onde foi muito bem acolhido nas rádios locais. Até que voltou à Capital Federal em 1952 e passou a fazer parte do *cast* da Rádio Nacional. Iniciou, então, uma carreira de compositor e cantor de humor – sempre acompanhado de orquestras. Nas duas décadas seguintes, até sua morte prematura em 1969, aos 47 anos, gravou cinco discos com músicas humorísticas. Entre seus maiores sucessos (alguns não assinados por ele) se destacaram, além de *Chiclete com banana* e *Baiano burro nasce morto*, *Súplica cearense*, *Baiano não é palhaço*, *Orora analfabeta*, *Mambo da Cantareira* e *Vendedor de caranguejo*.

Incomodado com tantos termos e expressões americanas adotadas pelos brasileiros nas grandes cidades, Gordurinha fez a primeira brincadeira com o tema ao compor o "rock" intitulado *Tô doido para ficar maluco*. Mas foi na enigmática e influente *Chiclete com banana* que ele conseguiu alguns feitos, embora parecesse só querer mostrar sua irritação por causa da colonização americana, que ameaçava asfixiar a cultura nacional, principalmente a música. Com sofisticação e sem perder o passo para o humor e o popular, ele combinou dois elementos que simbolizavam os dois países: banana e chiclete. Nasceu o que ficou conhecido como "bebop samba", em parceria com Almira Castilho. A composição acabou por prenunciar o tropicalismo quase dez anos antes, ao sugerir antropofagicamente na letra:

> Eu só boto bebop no meu samba
> Quando o Tio Sam pegar tamborim
> Quando ele pegar no pandeiro e no zabumba
> Entender que o samba não é rumba
> Aí eu vou misturar Miami com Copacabana
> Chicletes eu misturo com banana
> E o meu samba vai ficar assim:

Bop-bebop-bebop
É o samba rock, meu irmão

É, mas compensação
Eu quero ver o boogie-woogie de pandeiro e violão
Quero ver o Tio Sam de frigideira
Numa batucada brasileira

Eu só boto bebop no meu samba
Quando o Tio Sam pegar tamborim
Quando ele pegar no pandeiro e no zabumba
Entender que o samba não é rumba

Aí eu vou misturar Miami com Copacabana
Chicletes eu misturo com banana
E o meu samba vai ficar assim:

Bop-bebop-bebop
É o samba rock, meu irmão

É, mas compensação
Eu quero ver o boogie-woogie de pandeiro e violão
Quero ver o Tio Sam de frigideira
Numa batucada brasileira

A canção de Gordurinha não era pioneira nesse tipo de crítica, mas interessa aqui especialmente por fazer referência ao chiclete. Antes, compositores como Noel Rosa (1910-1937). Em *Não tem tradução*, com música e letra sua, ele observou: "O cinema falado é o grande culpado da transformação/Dessa gente que sente que um barracão prende mais que o xadrez/Lá no morro, seu eu fizer uma falseta/A Risoleta desiste logo do francês e do Inglês/A gíria que o nosso morro criou/Bem cedo a cidade aceitou e usou/Mais tarde o malandro deixou de sambar, dando pinote/Na gafieira dançar o Fox-Trote". Carlos Alberto Ferreira Braga, Braguinha (1907-2006), em "Yes, nós temos banana", assinalou sua crítica para os estrangeiros que cada vez mais influenciava a cultura brasileira.

Mesmo que não fosse muito tocada nas décadas seguintes, curiosamente ganharia fama acadêmica e inspiraria o nome de duas criações de grande sucesso a partir do começo da década de 1980: a série das tiras de quadrinhos urbanos e anárquicos homônima do cartunista Angeli e a banda musical baiana Chiclete com Banana, surgida em 1981 e um dos ícones do Carnaval de Salvador desde então. Publicados no jornal *Folha de S. Paulo* a partir de 1979, os quadrinhos de Angeli se tornaram um fenômeno editorial. Como gibi, chegou a vender 150 mil cópias pela Circo Editorial, do editor Toninho Mendes, entre 1985 e 1989. Angeli chegaria a 2009 ainda com a série em plena forma. Nela, desfilou em diferentes momentos dezenas de personagens seus, como Bob Cuspe, Rê Bordosa, Walter Ego, Osgarmo, Los Três Amigos, Os Skrotinhos, Wood & Stock, Mara Tara, Bibelô, Meia Oito, Tipinhos Inúteis, Angeli em Crise, entre muitos outros.

O chiclete aparecia como sinônimo de irreverência anárquica nos quadrinhos de Angeli. O humor brasileiro passava, então, por uma renovação importante na década de 1980, com o sepultamento definitivo da censura. Isso aconteceu entre 1984 e 1985, quando se deu a transição do regime militar para a Nova República – termo criado para denominar a sonhada reconstrução democrática e econômica do país, que se encontrava esfacelado em todos os sentidos – política, econômica e cultural –, depois de 21 anos de ditadura. O desejo de mudança em forma de riso surgia na TV e mídia impressa como uma tendência desse novo tempo. Até então, as opções de humor na TV, por exemplo, estavam engessadas pelo desgastado formato radiofônico de mais de quatro décadas, ancorado na fórmula de fazer chacota com estereótipos, preconceitos e machismos – modelo que migrara para a televisão a partir da década de 1960.

Se foi coincidência ou se aconteceu como uma tendência dos novos tempos de liberdade não se sabe ainda ao certo. A verdade foi que, em pelo menos três frentes distintas, jovens talentos tentaram reinventar o riso sem falar necessariamente de política de modo exclusivo. No meio acadêmico carioca, estudantes e cartunistas criaram o jornal *Planeta*

*Diário* e a revista *Casseta popular*. Na TV, aparecia o experimentalismo de *Armação ilimitada*, de Guel Arraes, produzido e exibido pela Rede Globo. Em São Paulo, surgia a Circo Editorial, uma editora que nasceu da capacidade de agregação de um quase garoto chamado Toninho Mendes, um apaixonado por histórias em quadrinhos, amigo de infância de Angeli, que acumulava alguns anos de experiência na cozinha de importantes publicações como diagramador e editor de arte – *Versus, Istoé, Vogue* e *Gazeta Mercantil*.

Toninho juntou os amigos de sua geração que, por sorte, eram os mais talentosos autores de quadrinhos e de cartuns de São Paulo surgidos na década de 1970, para lançar inicialmente em livros coletâneas de seus trabalhos publicados nos anos anteriores na chamada grande imprensa. Eram eles os irmãos gêmeos Chico e Paulo Caruso, Luís Gê, Laerte, Angeli e Glauco. Enquanto o país pedia eleições diretas para presidente em 1984, a Circo soltava volumes que faziam um balanço da produção de humor do final agonizante do regime. Até que, em outubro do ano seguinte, Toninho resolveu experimentar as bancas com o gibi *Chiclete com Banana*, em formato *Veja*, que misturava histórias em quadrinhos inéditas, textos de humor e tiras que Angeli havia publicado na *Folha de S. Paulo*.

Justiça histórica seja feita: começava ali uma revolução nos quadrinhos brasileiros que influenciaria toda uma geração e mexeria profundamente com o mercado de gibis. Sem a revista *Chiclete com Banana*, talvez não tivessem existido outros títulos alternativos como *Animal, Mil Perigos* e tantas outras revistas brasileiras que circularam na segunda metade da década de 1980. Ao longo de seis anos e 24 edições, o gibi de Angeli manteve o fôlego com edições que chegavam às bancas com o olhar único e sagaz sobre as transformações de hábitos, de costumes, da cultura e da política que vivia o Brasil. Não ficava de fora também tudo que ocorria no mundo e era importado como modismo – a onda do laquê no cabelo, o rock e a moda andrógina.

Na salada tupiniquim do chiclete com a banana – a expressão de Gordurinha tinha aqui amplos significados de caráter crítico –, talvez um aspecto relevante e ainda não devidamente reconhecido foi que, graças à veia política que o autor imprimia em parte expressiva de suas histórias e textos satíricos, um bom número de garotos e garotas foi despertado para a importância de se acompanhar a vida política do país e podem até ter sido salvos de uma existência medíocre, alienada e adepta da cultura das celebridades, do eu-sou-mais-eu, do Você S. A. e do individualismo egoísta da década de 1990 e do novo século. Enquanto explodiam por todo Brasil as seitas evangélicas, o bom pastor Angeli pregava a religião do inconformismo – pela anarquia responsável e gozadora, se isso é possível – e fez muita gente pensar e refletir sobre o lado grotesco de tudo que estava acontecendo.

Sim, os anos de 1980 foram também a década do grotesco, do bizarro – não somente no aspecto visual, tão bem simbolizado pelas séries de figurinhas *Ploc Monsters*. Ao se olhar para os quadrinhos de *Chiclete com Banana* da época, pode-se verificar o quanto olhar de Angeli foi aguçado sobre uma era importante da história do país. Mas seus quadrinhos, personagens e textos não ficaram datados. Pelo contrário, foi justamente nesse ponto que estava o seu mérito maior: a atualidade de suas críticas de comportamento e da política nacional. Ele continuaria mais contemporâneo que nunca porque sua visão transcende os fatos e adentra a existência dos protagonistas e anônimos que foram e continuam a ser seus companheiros de viagem.

Na mesma época em que Angeli fazia isso, a canção de Gordurinha deu nome à banda baiana pós-tropicalista Chiclete com Banana, de Salvador, Bahia, liderada pela dupla Missinho (talentoso compositor dos primeiros sucessos, que logo se afastaria do grupo) e Bell Marques (vocalista). Seu primeiro disco saiu em 1982 e o grupo se transformaria num dos grandes nomes da nova música carnavalesca baiana. Na verdade, tudo começou com uma banda de rock chamada Scorpius. Em 1980, Bell convenceu os companheiros de que deveriam tocar em trio elétrico. No caso, o então tradicional Bloco traz os montes, que contratou o grupo para ser a sua atração no Carnaval daquele ano.

Em 1981, Wilson Silva, irmão de Bell e Wadinho (tecladista), que era engenheiro de som, sugeriu a ideia inovadora de fechar toda a lateral do Trio com grandes caixas de som e usar equipamentos de potência transistorizada, passando todos os músicos a tocarem na parte superior do trio. A mudança elevou de forma surpreendente a potência e o alcance do som. Até aquele momento, os outros trios levavam a percussão nas laterais inferiores e somente os músicos que tocavam cordas permaneciam na parte superior. A novidade geraria polêmica depois porque, na tentativa de se destacarem, alguns trios exageraram e elevaram o som a um ruído superior às turbinas ligadas de um avião modelo Boing.

A mudança seria considerada a maior revolução do trio elétrico na década de 1980. Em 1982, a Scorpius foi convidada a gravar seu primeiro disco. Por isso, Bell e Missinho resolveram mudar de nome, por achar que aquele da banda de rock estava ultrapassado, uma vez que a musicalidade agora tinha a ver com o Carnaval. O cartunista e artista gráfico Nildão, cunhado de Bell e que cuidaria da concepção visual de todos os discos da banda, deu a ideia para a nova denominação que, na época, criou muita polêmica porque pouco tinha a ver com as raízes e tradições da cultura baiana. Pelo menos aparentemente, uma vez que foram os baianos Caetano Veloso, Gilberto Gil, Tomzé e Capinam os pais do movimento Tropicalista, que pregava um antropofagismo de todas as tendências musicais do mundo. Nascia a Chiclete com Banana.

Segundo Nildão, o nome foi escolhido pela grande mistura de ritmos que a banda fazia com suas músicas desde os primeiros tempos – e que marcaria sua história de sucesso, com rock, baião, raggae e galope, entre outros, sempre com muita percussão. O disco de estreia, com o nome *Traz os montes*, explodiu na Bahia, com o inesquecível hit "O mistério das estrelas", de autoria de Missinho. Depois, vieram os LPs *Estação das Cores* (1984) e *Energia* (1985) – este abriu o mercado nacional para a banda. Tornava-se, assim, um dos expoentes da chamada axé music – um rótulo genérico e pejorativo estabelecido por um jornalista baiano – que escrevia resenhas de discos e adorava rock – para definir o movimento musical de Salvador que tomou de assalto a mídia nacional em 1985, com Luiz Caldas à frente, então um garoto de 23 anos.

## Quantidade

A presença do chiclete na cultura brasileira pode ser medida pela quantidade de músicas que tiveram a goma de mascar como tema principal – neste caso, somente as composições que usam o termo no título ou o citam nas letras. Nenhum gênero popular ficou de fora. Da moderna música baiana ao sertanejo e o country nacional, do rock à chamada

MPB e suas múltiplas vertentes e tendências, o chiclete pode ser encontrado em pelo menos 140 composições feitas nos últimos 40 anos. Sem contar aquelas em a banda Chiclete com Banana aparece citada na letra, homenageada por outros grupos de menor projeção da Bahia. Tem até cantor com nome ligado à goma de mascar: Fabiano Chiclete.

O significado para o uso do termo em músicas varia das formas mais inventivas. O famoso rock "O Chiclete", da banda paulistana Ultraje a Rigor, por exemplo, é das formas mais inteligentes em trocadilhos. Diz o refrão: "O chiclete que você mastiga não é igual ao meu". As duas estrofes brincam com o hábito de mascar: "Enche a boca de ar/Depois dá um assoprão/Faz bem pro "seu" mané do bar/Mas pra sua dentadura não/. O seguinte emenda: "O meu chiclete faz ploc/O seu chiclete faz bum/O meu chiclete faz ploc/O seu chiclete faz bum". E fecha: "Bum bum bundão/Bum bum bundão/Bum bum bundão/Bum bum bundão".

O chiclete também invadiu o samba e o pagode. Um exemplo do gênero é "Chiclete de Hortelã", de Zeca Pagodinho, que fez sucesso em sua interpretação e também foi gravada por Os Originais do Samba: "Já cansei de implorar à minha irmã/Prá me mandar um chiclete/Ela foi para Bahia/Terra do balangandã/E numa casa de santo/Foi comprar um talismã/Que dizia ter encantos quebrava os quebrantos/E era de Inhansã/E eu só pedi prá me comprar/Um chiclete de hortelã". A goma reaparecia na estrofe seguinte: "Quando vem raiando o dia/Meditando em seu divã só penso na carestia/Que aumenta a cada manhã/Oh, meu Deus que bom sereia/Se eu comprasse alcatra ou chá/Mas o dinheiro já nem dá/Pro chiclete de hortelã". Em seguida, vinha o refrão: "Nos meus tempos de infância/Todo dia de amanhã/O bom velhinho do doce/Que de criança era fã/Tem cocada, mariola/Bala e doce de maçã/Olha aí/Quem quer comprar/Um chiclete de hortelã".

Entre os destaques do sertanejo aparece "Que nem chiclete", da dupla Tivas e Waldir Luz, gravada por Rick e Renner: "Que nem chiclete/que nem chiclete/que nem chiclete grudadinho em você/Que nem chiclete/que nem chiclete na sua boca derretendo de prazer". Gian e Giovani gravaram de sua autoria "Papel de chiclete", na qual a goma de mascar ganhou um sentido poético e nostálgico: "Eu ainda conservo na sala o mesmo carpete/E no chão o papel de chiclete/Que adoçou nosso último beijo". Em "Bate coração", Leandro & Leonardo seguiram o mesmo caminho: "E a gente mais grudado que chiclete/Seu amor pintando o sete/sobre o meu corpo nu/E o coração batendo acelerado um sussurro apaixonado".

Um dos gêneros recordistas em usar chiclete em suas composições é a música baiana. Em "Quero chiclete", o compositor Bana encontrou um sentido aparentemente inusitado: "Quero chiclete/Chiclete pra grudar no seu ouvido/Chiclete pra tocar no coração/Chiclete na boca pra mim é vício/Chiclete pra ficar amarradão/Chiclete pra grudar no seu juízo/Chiclete pra colar nossa paixão". Já "Micareta do chapéu", composta e cantada por Pedro Maia, diz "Não adianta vou lhe dizer/Eu sou chiclete, eu sou/Eu sou chiclete por seu amor/Por mais que eu queira/Não querer ser/Eu sou chiclete, eu sou/Eu sou chiclete por seu amor". O Oludum homenageou a goma em "Mania Nacional (grudou)": "Grudou, tá que nem chiclete o Olodum/Grudou, eu não quero mais largar/Grudou, tá tudo lindo, tá legal/Grudou, já virou mania nacional".

Dentre as músicas de forró, um bom exemplo é "A paixão virou chiclete", do Forró dos plays, gravada pelo grupo e por Os magníficos: "Ah, essa paixão virou chiclete/Me grudou em você!/O meu coração virou tiete/E só pensa em você!" Em "Mulher chiclete", o cantor e compositor Praieira usou a goma para falar de sua irritação com uma garota que não largava do seu pé: "Não gosto de mulher chiclete/Não gosto de mulher que seja má/Não gosto de mulher que grude em mim". Barbiekill apelou para um sentido mais chulo: "Se te ofereço um cigarro?/Pigarro!/Se te ofereço um chiclete?/Boquete!" Com o mesmo "Chiclete", o grupo Doce Mania cantou: "E como tudo que é coisa que promete/A gente vê como um chiclete/Que se prova, mastiga e deita fora, se demora/Como esta música é produto acabado/Da sociedade de consumo imediato/Como tudo o que se promete nesta vida, chiclete/Chiclete, ah!". Ao final, o refrão dizia: "Chiclete/Chiclete (prova)/Chiclete (mastiga)/Chiclete (deita fora)/Chiclete (sem demora)".

Compositores considerados mais sofisticados pela crítica também se renderam à goma de mascar. Uma das mais antigas canções a falar do produto depois da crítica de Gordurinha foi a tropicalista "Dom Quixote", de Os Mutantes, lançada em 1968: "Chupando chiclete/O Sancho tem chance/E a chance é o chicote/É o vento e a morte/

Mascando o Quixote/Chicote no Sancho Moinho sem vinho". Em "Dor e dor", Tom Zé escreveu: "Te quero te quero/Querendo quero bem/Quero te quero/Querendo quero bem/Chiclete chiclete/Mastigo dor e dor/Chiclete chiclete/Mastigo dor e dor". Os versos de "Não é proibido", de Marisa Monte, começava assim: "Chiclete, sundae de chocolate/ Uh, paçoca, mariola, quindim/Frumelo, doce de abóbora com coco/Bala Juquinha, algodão doce e manjar".

Em "Pivete", Chico Buarque dizia: "Ele vende chiclete/Capricha na flanela/E se chama Pelé Pinta na janela/Ele transa chiclete/E se chama pivete? E pinta na janela". Num trecho de sua "Elizabeth no Chuí", o ex-Titã Arnaldo Antunes escreveu: "Haja saliva pra tanto chiclete/Elizabete no Chuí e eu aqui/Elizabete no Chuí e eu aqui". Antunes voltaria ao tema em "Na massa", que dizia: "Tatuagem de chiclete de coroa/Ou de cocar pode se misturar/Na massa some na massa/Sai de chafariz bico de verniz/Saia de safári sorriso de miss". A música "Beijo exagerado", do Barão Vermelho, lembrou assim da goma: "Estava passeando e mascando chiclete/Quando vi na minha frente/Uma perna inesquecível/ Mascando o meu chiclete para ela eu encontrar/Yeah, yeah".

O cearense Belchior, autor de vários sucessos na década de 1970, citou de leve a goma de mascar numa das estrofes de "Velha roupa colorida", gravada por Elis Regina: "Nunca mais meu pai falou: 'She's leaving home'/E meteu o pé na estrada, *Like a Rolling Stone...*'/Nunca mais eu convidei minha menina/Para correr no meu carro... (loucura, chiclete e som)/Nunca mais você saiu a rua em grupo reunido/O dedo em V, cabelo ao vento, amor e flor, quero cartaz". O criativo Zeca Baleiro foi mais enfático em "Piercing": "Mastigue como chiclete/Jogue fora na sarjeta/Compre um lote do futuro/Cheque para trinta dias/Nosso plano de seguro/Cobre a sua carência". Em "Sortimento", Nando Reis cantou: "Quis que eu cuspisse o chiclete/Quis fazer uma surpresa pra mim/Mas não aguentou/Quis beber água com uma colher/Ah, vou tão longe pra te entender".

Em "Pelado", Chico César registrou sua citação nos versos: "Mascando chiclete/ Beijando pivete/No meio do povão/Faremos assim um trote e um trato/Sem pagar o pato pela animação/Faremos então um trato e um trote". A letra de "Maria Fumaça", da dupla gaúcha Kleiton e Kledir começou dessa forma: "Tem chiclete com tatu/Que nojo!/E foi alguém de Canguçu/Me roubaram meu chapéu. Alapucha!/Chama o homem do quartel/E deu enjoo na mulher".

"A peleja de Zé Limeira no final do segundo milênio", de Zé Ramalho, abria falando de goma: "E mascando chiclete/Enquanto aqui no congresso/Apagavam dados comprometedores/De um escandaloso disquete/As mesmas criaturas alienígenas/Me deram seu colar/E puseram-me no cesto/Sobre o leito do rio Jordão/É quando o uivo de uma loba/Me adverte: Rômulo/Meu remo se partiu na correnteza/Meu medo é uma casa portuguesa". Peninha, na sua "Namorados", iniciou assim a letra: "Gruda em mim que nem chiclete/Não tem jeito/Eu sou tão sentimental/Vendo os seus cabelos/Seus sorrisos pela tarde/Nossas roupas espalhada pelo chão".

Gabriel O Pensador afirmou em "Axado chiado": "Tomei um chimarrão e a chacrete/confundiu o sanduíche com chiclete mastigando sem parar/Chegaí... quer ketchup?/Ela não gostou da expressão". O pensador voltaria ao assunto em "Pátria que me pariu": "Vendendo bala, chiclete.../Num fecha o vidro que eu num sou pivete/Eu não vou virar ladrão se você me der um leite, um pão, um videogame e uma televisão". A letra de "Infinita Highway", dos Engenheiros do Hawaii, fez referência ao chiclete: "Na boca em vez de um beijo/Um chiclete de menta/E a sombra de um sorriso que eu deixei/Numa das curvas da highway/Silenciosa highway/Infinita highway".

Ainda no gênero rock nacional, em "Weekend", a banda Blitz contava no refrão da letra de sua autoria: "Xixi café chiclete/Eu quero passar/Um weekend com você (eu também)/Um weekend com você/Eu só quero passar/Um weekend com você". Blitz gravou também "Babilônia maravilhosa": "No chiclete da criança/Um grito alucinado/E um punhal cravado na esperança/Recuperar as esquinas de antes/Te levarei a um céu de diamantes". Pato Fu, em "Deus", cantou que: "Deus está no sinal vendendo chiclete/Outro me assaltou/Levou todo o meu dinheiro/Me espetou com canivete/Deus arranhou meu carro/E bagunçou meu lixo". "Rockaway beach", dos Raimundos, trazia a seguinte passagem: "Mascando um ritmo em meu chiclete/O sol saiu e eu quero mais/Não é difícil, nem longe demais para chegar/Podemos pegar uma carona. Para a praia rockaway".

Fã de hábitos, costumes e tradições da cultura americana, o roqueiro baiano Marcelo Nova, líder da banda Camisa de Vênus, lembrou-se do chiclete em pelo menos duas músicas. Na "Sexo Blues", cantou: "Meu chiclete amolece mas o resto fica duro/Eu tô afim/Você me chama pervertido mas eu só quero é lhe comer/Na cama de madrugada você vira pro outro lado". E em "Eu vi o futuro": "O Brasil tem olhos de menina/que vende chiclete em cada esquina/De um povo heroico o brado retumbante/E o sol dança na nossa frente, terrível, cego". O irreverente compositor e humorista cearence Falcão escrachou em "Quanto mais principalmente": "Consegui andar e, ao mesmo tempo, mascar chiclete/Ao fazer 22 anos de existência/Concluí com eficácia e competência/O curso de Auxiliar de Parteira por ..." Mundo Livre S/A dizia em "E a vida se fez de louca" que "O exército mascava nas ruas e eu chiclete/Exercitando os dentes/Era tutti-frutti fazendo buracos. Ra tá tá tá, ai ai/Hortelã naquele estômago".

As crianças, não podia ser diferente, tiveram várias canções que falavam sobre a goma de mascar. Os irmãos Sandy e Júnior gravaram duas músicas com citações do produto. Em "Maria Mole", cantaram: "Melecada de chiclete/Nunca raspa a perna com gilete (gilete)/Dengo dengo Maria gosta só de namorar/Derretida de paixão/Lambuzada de sabão". Na "O sítio da vovó", eles afirmavam: "Um pé de chiclete de hortelã/No fundo do quintal/Um pé de requeijão/Do outro lado um pé de macarrão/Fui no sítio de minha avó".

"Co-co-uá", de A Turma do balão mágico, era assim cantada pela pequena Simony: "Quando era pequena/engoliu um chiclete/Bota o mesmo ovo sem parar/E o galo lhe chama de iô-iô repete/Por isso é que ela chora pra cantar". Eliana também cantou a goma em "Festa do amor" ("Chiclete, coca-cola, bombom matinê/Coloca o disco na vitrola/Banho de lua nós dois, oh, cupido/Só um carinho e depois ficar contigo"). A mesma cantora repetiu o tema em "O jipe do padre" – "O jipe do padre fez um furo no pneu/O jipe do padre fez um furo no pneu/O jipe do padre fez um furo no pneu. Colamos com chiclete".

Não faltam curiosidades musicais quando o assunto é goma de mascar. O mais famoso chiclete de bola do país, fabricado pela Adams, virou até título de canção. "Negócio é

Bubbaloo", de Mc Frank, pegava pesado na letra: "Lá na fazendinha nois (sic) não gosta de chiclete/Quem gosta de bolete/Dá o cu e paga boquete/Porque lá na fazendinha é só wisk e redbull/Quem gosta de bolete". Suzana Alves, a dançarina Tiazinha, que ganhou coleção de figurinhas do chiclete Buzzy, foi homenageada por Musical JM em "Tiazinha": "Figuras de chiclete e pôster da playboy é de arrepiar/E quando ela tira o shortinho apertado e fica de lingerie/De chicote na mão vou ficando doidão".

O chiclete também foi homenageado em música de uma outra forma. No Carnaval de 2007, a Escola de Samba Estácio de Sá, do grupo especial do Rio de Janeiro, fez do chiclete o tema de seu destile – que contou com o patrocínio da Adams. O tema era "Tititi no Sapoti", que até rendeu um série especial e limitada dos Chiclets com o mesmo slogan do desfile. A Estácio, infelizmente, não só não levou o título como caiu para o grupo de acesso. Na verdade, tanto o tema quanto a letra e o samba eram uma repetição do Carnaval de 20 anos, em 1987, quando ficou em terceiro lugar. Dizia o último verso da letra, da composição de Darcy do Nascimento, Djalma Branco e Dominguinhos: "Isso virou tutti-fruti/Tutti-multinacional/Virou goma de mascar/Roda prá lá e prá cá/Na boca do pessoal".

## Literatura

O chiclete também influenciou a literatura, tanto no Brasil quanto no mundo. Principalmente em obras dirigidas ao público infanto-juvenil. Megan McDonald criou e Peter H. Reynolds ilustrou – a mesma dupla responsável pela coleção Judy Moody – a série de livros protagonizada por "Chiclete, o incrível garoto que encolhe", cujos dois primeiros volumes foram publicados em português pela editora carioca Salamandra. James, que tinha o apelido de Chiclete, era um garoto que media apenas 1,10 metro de altura e era menor que a sua irmã Judy. "Baixinho, miúdo, nanico, pequenino... minúsculo... como uma minhoca! Era o mais baixo da família Moody (com exceção da gata Ratinha). Também era o mais baixinho da sua classe de segunda série, a turma 2D. Provavelmente o ser humano mais baixo do mundo todo, incluindo o Alasca e o Havaí", descreveu McDonald. Todo dia ele pedia à irmã para medi-lo e nunca crescia um milímetro.

Exageros à parte, Chiclete tinha um diário e adorava desenhar histórias em quadrinhos. Mas vivia incomodado com sua situação: tinha de tomar água no bebedouro das criancinhas e sempre ficava na frente na hora de tirar foto com a turma. No teatro da escola, fazia invariavelmente o papel do ratinho. Por mais que os pais tentassem consolá-lo e tirar de sua cabeça aquele complexo, ele não parava de reclamar. Um dia, se não bastasse seu drama, a medição acusou que ele tinha um centímetro a menos – 1,09 metro. Seu desespero só terminou quando a enfermeira da escola explicou que, por causa da gravidade, todas as pessoas encolhem um pouco no final do dia. Suas aventuras, porém, estavam apenas começando, nessa divertida série sobre uma das preocupações de todas as crianças: o desejo de crescer depressa.

O livro *A fantástica fábrica de chocolate* (Martins Fontes), de Roald Dahl, lançado originalmente em 1964, praticamente traz a mesma história levada ao cinema pela primeira vez em 1971, pelo diretor Mel Stuart. Na trama, depois de manter fechados por 15 anos os portões de sua fábrica de chocolates, o empresário Willy Wonka resolveu fazer um concurso para escolher cinco crianças que conheceriam suas instalações. Essa foi a forma encontrada por Dahl para encantar seus leitores com um conto de fadas moderno. E, como tal, passar importantes lições de vida. O chiclete ganhou importância significativa na trama, graças à personagem Violete. Numa passagem ela declarou sua paixão pela goma: "Eu simplesmente adoro chiclete. Não posso viver sem mascar. Eu masco durante todo o dia, exceto por alguns poucos minutos na hora do almoço, quando tiro-o da boca e o guardo atrás da minha orelha".

O chiclete daria título ao livro da jovem e polêmica escritora francesa Lolita Pille, autora do escandaloso *Hell*. Em *Bubble gum*, seu segundo romance, ela encontrou na goma de mascar a expressão perfeita para tratar do universo descartável e implacável do mundo das celebridades. A narrativa teve tem dois protagonistas. O primeiro, Manon, uma garota provinciana, bonita e entediada, que trocou o sul da França por Paris, onde queria fazer carreira como modelo. O outro se chama Darek Delano, playboy herdeiro de uma multinacional de petróleo que vive de se divertir comprando e manipulando as pessoas. Com seu ar *blasé*, tenta fazer o mesmo com Manon. E a garota conseguia o sucesso, mas acabava arrastada para um mundo de antidepressivos, cocaína e outros vícios. Ao perceber que foi vítima de uma armadilha, ela planeja uma vingança contra Derek.

Por isso, todo o mundo ruiu a seu redor. "Manon, 21 anos, entrega sua alma – e também seu corpinho, naturalmente – a Derek, em troca do brilho enganoso dos refletores. Mas, como em seu romance de estreia, Lolita Pille constrói uma narrativa mais complexa do que parece, avessa a clichês e permeada por uma crítica sutil aos valores da sociedade contemporânea", escreveu Luciano Trigo na apresentação da obra. Uma leitura possível é de que, ao falar sobre esse universo, ela tenha procurado fazer uma analogia entre o chiclete e as pessoas: um e outras são mastigados por um breve tempo e, ao perder o sabor e o açúcar, são descartados e vão para na lata do lixo.

De modo curioso, poetas e escritores brasileiros também se dedicaram a escrever livros que falam de goma de mascar. Um dos mais belos e poéticos livros escritos em português relacionado diretamente ao tema é *A guerra do chiclete*, de Miguel Sanches Netto, com ilustrações de Gustavo Piqueira, publicado em 2008 pela Editora Positivo. Narrado em primeira pessoa, para leitores infantis, a obra conta a história de um grupo de amigos para quem a Segunda Guerra Mundial só começou mesmo em agosto ou setembro de 1943, quando faltou goma de mascar da pequena cidade onde moravam. "Todos tinham se acostumado com chiclete no recreio. Assim que a professora terminava a aula, os meninos desembrulhavam os pacotinhos e enfiavam a goma na boca e começavam uma mastigação sem fim. O meu grupo não corria mais pelo pátio, não queria nem merendar, ficava pelos cantos, mascando", narrou o autor.

Valdir, um dos meninos da turma, dizia que o chiclete acalmava as pessoas. "Ele era muito nervoso, até bebia remédio por causa disso, então o pai não deixava faltar goma". O garoto dizia aos amigos que quando estava mascando não pensava em nada. O narrador, que ocupava o posto de o mais gordinho da turma, estava sempre roendo alguma coisa e até perdeu alguns quilos graças ao chiclete. "Não tinha mais vontade de comer durante o dia desde que estivesse com uma goma na boca e pudesse movimentar meus maxilares". Sua mãe, preocupado com sua educação, dizia-lhe para comer com a boca fechada. "Isso tudo é modismo americano", dizia Madame Judith, a professora de francês, que não se conformava com as mudanças de hábito.

O narrador conta que ele e seus colegas estavam aprendendo várias palavras em inglês porque nos bares havia, além do chiclete, produtos que chegavam dos Estados Unidos. Como Coca-cola, que era anunciada pela propaganda como "Um costume agradável". Por tudo isso, enquanto Madame Judith chamava seus alunos de bárbaros, a professora de história dizia que eles se pareciam com ruminantes. Até que os chicletes começaram a sumir dos bares. "As pessoas estão nervosas por causa da guerra e então mascam chiclete para se acalmar", disse-lhe o pai, que também apreciava a goma – desenvolvera o hábito porque os filmes americanos traziam personagens que gostavam de mascar. O autor cita até uma propaganda da Adams da época: "O amor é feito de ternura/E os Chicletes Adams/Tornam o hálito uma doçura".

E foi nesse contexto que os garotos – se auto-proclamavam "Os ruminantes" – resolveram juntar uma provisão de chicletes. Ao saberem da importância do látex para que os aliados vencessem a guerra, as crianças resolveram montar um pequeno exército formado por eles mesmos para uma missão muito especial. E assim Sanches Neto construiu uma pequena novela para crianças na qual expressou com propriedade os primeiros tempos da chegada do chiclete ao país, as mudanças que a goma de mascar provocou no comportamento das crianças e a reação dos adultos a seu consumo. Aqui, porém, um detalhe deve ser ressaltado: o autor talvez tenha cometido um pequeno erro cronológico, mas que nada compromete sua narrativa. O chiclete começou a ser comercializado no Brasil pela Adams em 1944. Não existem registros de que o produto fora importado antes disso e que seu consumo tenha se popularizado entre as crianças. Sua história, porém, é verossímil se observado o contexto nos Estados Unidos onde, como foi visto, faltou chiclete durante a guerra.

Um belo livro infantil inspirado na goma é *Chiclete grudado embaixo da mesa*, de Rosana Rios. "Escrevi esse livro há vários anos, lembrando de uma ocasião em que, ainda criança, eu grudei um chiclete mastigado num canto de parede", disse ela ao autor. "Depois daquilo, quando eu passava naquele lugar, olhava para ver se o chiclete ainda estava lá... Era um segredo só meu, e nunca ninguém descobriu que eu havia grudado o chiclete lá. Cada vez que eu o via, dizia 'Oi, Chiclete'". E daí Rosana ficou imaginou uma história sobre como seria se o chiclete respondesse sua saudação. No livro que escreveu muitos anos depois, um garoto bem pequeno grudava um chiclete sob a mesa, e o chiclete ficava seu amigo. Aquele virava um grande segredo só deles, que ninguém descobriu.

O garoto imaginava que um dia o chiclete poderia virar um monstro verde grudento... mas, conforme o tempo passava, tudo mudava e talvez aquele segredo deixasse de ser secreto. O livro ficou em segundo lugar no Concurso de Histórias Infantis de Curitiba, em 1992. Foi publicado pela Editora Abril e saiu em nova edição pela editora Frase e Efeito em 2009. "Aquele incidente com o chiclete grudado na quina da parede foi marcante", recordou Rosana. "E eu me lembro também que, naquele tempo, só havia dois sabores de chiclete: de hortelã e tutti-fruti. Eu gostava dos de tutti-fruti. Até que, um dia, surgiu o chiclete de uva! Foi uma descoberta. Era muito gostoso... mas os chicletes sempre tiveram um grande inconveniente para mim: o gosto bom acabava logo. Quando apareceram os chicletes mais sofisticados, eu já não era criança, e não curtia mais mascá-los".

*Chiclete e Bombom – No ritmo do rap*, de Alzira C. Carpigiani, da editora Scortecci, homenageia o chiclete no título. O livro contava a história de dois garotos, um rico, Bel (Chiclete), e outro pobre, Zé Batata (Bombom). Bel estava sempre triste porque observava de sua janela algumas crianças que viviam na miséria. Zé Batata era morador de rua, onde predominava a lei do mais forte. Os dois se encontraram por acaso um dia e se tornaram grandes amigos graças ao interesse que tinham pelo rap. O final, claro, era dos mais felizes. O menino pobre acabava adotado e ambos criaram uma fundação para ajudar na educação e no bem estar de crianças carentes.

Outro livro infantil que trouxe a goma como tema foi *O menino que não mascava chicle*, de Loe Cunha, lançado pela Edições Paulinas e que chegou à 5.ª edição em 2006. O pequeno volume conta, em forma de versos, a história de Bê, um menino de dez anos que era "um problema só". O maior deles era que ele não gostava "de chicletar chiclê". "Nem mesmo um pedacim/nem mesmo um doze avos dum chiclezinho assim". De nenhum tipo ou sabor. "E o povo, quando ouvia aquela heresia, ficava perplexo". Seria um complexo, um trauma, uma doença, algo sem cura ou seria loucura? Sem dúvida, isso fazia dele um garoto esquisito. Por causa desse fato incomum, foi excluído da turma e do time de futebol da escola. Até que um dia ele resolveu mascar um tal "clichê", que sua mãe tanto falava. Talvez pensassem que fosse chicle. Ao descobrir o significado da palavra, sua vida tomou outro rumo.

A goma de mascar também rendeu poesia. O livro *Os anjos mascam chiclete*, de Luiz Vitor Martinello, da coleção Sobras Poética – reuniu poemas do autor escritos entre 1964 e 1999. Nos textos, ele escreveu (tudo em letras minúsculas: "enquanto anjos mascam chiclete, solenemente declaro meu amor inútil (à rainha da Inglaterra)". O título não era à toa. Martinello queria, como escreveu o *Jornal da Cidade*, "dessacralizar os mitos e lendas criados, no mundo moderno, pela propaganda, a exemplo do que o homem, em seus primórdios, fez com a natureza, adorando o sol, a lua, o trovão".

Por mais que tenha se firmado como um produto de consumo em grande escala em todo o mundo e influenciado o comportamento e a cultura, o chiclete levou muito tempo para superar o preconceito em alguns lugares. Um esforço da indústria que ainda, aliás, não terminou. E dentre os seus vilões, destacaram-se dois tipos de profissionais ligados à saúde: os dentistas e os médicos, nessa ordem. É o que se verá a seguir.

# CAPÍTULO 9

De vilão a mocinho da saúde

O lançamento do filme *Lolita*, do diretor Adrian Lyne, em 1998, motivou a revista *Manchete,* da Bloch Editores, a dedicar quatro páginas ao chiclete, em reportagem de Danielle Segal, publicada na edição de 17 de outubro. No filme, baseado no romance de Vladimir Nabokov (que tinha sido filmado por Stanley Kubrick em 1962), a protagonista é uma ninfeta de 12 anos, interpretada pela atriz Dominique Swain, que vivia um *affair* com um homem de 45 anos – interpretado pelo ator Jeromy Irons. Lolita tinha um prazer comum à maioria dos adolescentes de ambos os sexos e de várias partes do planeta: mascar chicletes e fazer bolas como forma de mostrar desdém pelo mundo. "Dos anos de 1950, época em que foi escrita a história, até os anos 1990, muita coisa mudou na sociedade, inclusive em relação à goma de mascar", começou Danielle.

Nos Estados Unidos, por exemplo, o uso do chiclete havia se generalizado e o produto se tornara "a estrela da temporada", independentemente da idade de quem mascava. "Por lá, até noivos mascam na hora em que estão no altar", afirmou a repórter. Naquele ano, lembrou ela, o ator Jack Nicholson havia chamado a atenção de telespectadores de todo o mundo quando recebeu o Oscar de melhor ator pelo filme *Melhor é impossível*. Não porque ele usava um *smoking* da grife Donna Karan, mas por mascar chiclete no momento em que foi pronunciar seu discurso. Nicholson estava nervoso e parecia disfarçar com a goma de mascar. A revista carioca citou ainda o astro do basquete americano, Michael Jordan, que não jogava sem um chiclete na boca. Não por acaso, portanto, *Manchete* preferiu dar um enfoque ao produto como uma guloseima que ajudava a combater o estresse.

Um dos entrevistados da matéria foi o então goleiro do Botafogo, Vagner, que não entrava em campo sem uma goma na boca. "Em geral, Vagner é calmo. Mas, durante as partidas, o coração acelera e o goleiro recorre à resina. Como gosta dos chicletes pequenos, coloca na boca cinco de uma vez, ainda no aquecimento. E troca por uma nova remessa durante o intervalo", escreveu Daniela. "Não é superstição, mas um hábito que tenho exclusivamente em campo, porque me descontrai", justificou o jogador.

A goma de mascar como uma "poderosa arma antiestresse", segundo a revista, havia sido atestada pelos operadores da Bolsa de Valores do Rio de Janeiro Luiz Carlos Roberto e Renato Belmonte. "É proibido fumar no pregão e a nossa rotina é pesada, reflexo da crise no mercado financeiro internacional. Fico muito agitado, tenho que me distrair com alguma coisa. Já perdi botão de camisa e a gravata sempre sai do lugar. No dia da privatização da Telebrás (em julho de 1998), saí todo amassado, e, é claro, aumentei a cota de chicletes", contou Luiz Carlos à *Manchete*. O colega Renato adquiriu o hábito cinco anos antes, ao iniciar suas atividades na Bolsa. Ele se lembrava do dia de maior tensão: quando foi descoberta uma jazida de ouro da Vale do Rio Doce, em 1995. "Isto aqui parecia baile funk, pura adrenalina". O chiclete, claro, ajudou a acalmá-lo.

Desde 1939, na verdade, estudos científicos como o publicado no livro *A psicodinâmica do mascar* (Psycho-Dynamics of Chewing), do Dr. H. L. Hollingworth, da Universidade de Columbia, Nova York, mostravam que mastigar chiclete supostamente ajudava a relaxar nas horas de trabalho. Essa teoria seria a explicação para a expressiva demanda da goma durante a Segunda Guerra Mundial pelas Forças Armadas americanas. E um enfoque importante para a publicidade dos fabricantes de chiclete. A atriz Guilhermina Guinle, que tinha 24 anos, engrossava o time dos chiclete-maníacos. "Ela se sente recuando no tempo quando masca chiclete", escreveu *Manchete*. "É o meu lado criança. Às vezes, acumulo cinco tabletes na boca. Adoro fazer bola e ouvir o barulho", justificou a estrela. Mas observou que não o colocava na boca em locais mais formais. "É feio", observou. Segundo ela, a etiqueta era reminiscência de infância em que a mãe reclamava e ela tinha de jogar a goma fora imediatamente.

Outra fã de chiclete era a atriz Fernanda Rodrigues, de 18 anos, que o usava "indiscriminadamente" porque via no produto um antídoto contra alguns vícios. Por exemplo? Ela tinha parado de roer unha por causa da goma. Vendo televisão, em casa, a atriz já adormeceu com uma na boca e acordou com a mesma presa nos dentes. Fernanda não largava nem mesmo no trabalho. "Cansei de grudar no céu da boca durante as gravações da novela para não ter que jogar fora". O ator Leonardo Vieira tentava largar o cigarro e tinha recorrido ao chiclete. Ele sempre trazia tabletes como serviço de bordo no seu carro. Recentemente, tinha intensificado o uso da goma. "Distrai, preenche um espaço", observou à *Manchete*. A atriz arrematou: "é um santo remédio contra a ansiedade".

A estilista Glorinha Kalil, autora do livro *Chic*, era contra o uso da goma em determinados contextos e situações: "Mascar numa festa ou em qualquer outra atividade social é complicado. Não é cabível. Você está sobrepondo duas atividades. O chiclete deve ser usado quando se está sozinho, pois funciona como companhia", teorizou. A revista, então, foi buscar na medicina uma explicação para o sucesso do chiclete. A psicanalista Tereza Nazar, da Escola Lacaniana do Rio de Janeiro, afirmou que o interesse de tanta gente pela goma de mascar tinha uma explicação que talvez fosse desconhecida dos fabricantes e estava relacionada com sexo: "É difícil abrir mão da oralidade. A boca é um dos orifícios do corpo mais erotizados. É o primeiro lugar onde o bebê encontra satisfação. Tanto o cigarro quanto o chiclete ou a comida são formas de retomar essa fonte de prazer". Ela apontou o corpo como meio de expressão, inclusive do chiclete. "Recorre-se a ele quando não se consegue verbalizar alguma coisa. Pode traduzir tanto alegria quanto angústia".

## Digestão

Um tablete de chiclete tem, em média, dez calorias e pouco valor nutritivo. Se não bastasse, a presença marcante do açúcar (60%) na sua composição tem sido, desde os primórdios da indústria da goma de mascar, um argumento usado pelos dentistas para condenar com veemência seu consumo. Por mais que os pais apóiem essa orientação, nunca foi fácil evitar que os filhos consumam chicletes "de bola", o preferido das crianças. Em boa parte do século XX essa foi uma luta travada e perdida por gerações de pais. As crianças, encantadas pelo sabor adocicado e a possibilidade de fazer bolas, além das figurinhas, encontravam meios para driblar a vigilância e consumir o produto.

Os supostos perigos da goma também preocuparam médicos durante muito tempo e ainda encontram profissionais de saúde mais radicais que o repudiam. Afirma-se, por exemplo, que, quando consumidos em excesso, os corantes contidos em sua fórmula irritam o esfíncter inferior do esôfago, o que pode provocar refluxo – aquela sensação de que a comida "não desceu". Outros sintomas seriam "barriga pesada", azia, impossibilidade de arrotar, refluxo e dor de cabeça.

Em entrevista à revista *Galileu*, em abril de 2003, Antonio Carlos Bombana, professor da Faculdade de Odontologia da USP, observou que em diversas marcas de chicletes disponíveis no mercado entram componentes variados que traziam riscos. "Todas têm por base um tipo de goma, óleos vegetais e muitas outras substâncias, que mudam de acordo com o tipo e com o fabricante". Ele explicou que entre as matérias-primas fazem parte os adoçantes (no caso dos chicletes sem açúcar) ou o açúcar comum, existente nas gomas de mascar tradicionais. De acordo com o tipo de pessoa, idade e volume de goma que costuma consumir, os diferentes tipos de adoçantes podem trazer consequências prejudiciais em diferentes graus e tipos.

Um exemplo citado por Bombana seriam as diarreias, causadas pela lenta absorção de alguns adoçantes pelo trato gastrintestinal – como o sorbitol. "O açúcar comum é muito conhecido por sua capacidade de facilitar o aparecimento da placa bacteriana, uma película que se forma sobre os dentes e promove a formação das cáries e o aparecimento de doenças na gengiva". Nos dois casos, explicou o dentista, a mastigação estimula a secreção de enzimas digestivas, o que pode gerar gastrite. "Por isso, o uso não controlado, contínuo e, por vezes, até exagerado de gomas de mascar, balas e similares não é recomendável, principalmente para crianças e jovens".

As cáries ocorrem porque as bactérias bucais se alimentam dos carboidratos e produzem um tipo de ácido que corrói o esmalte do dente. Diferentemente do que se imagina, os carboidratos são encontrados não apenas no açúcar como em todas as frutas, verduras, legumes, pães e massas em geral. A Organização Mundial de Saúde (OMS) estima que, em todo o mundo, cinco bilhões de pessoas – mais de 80% da população do planeta – sofram de algum tipo de cárie dentária. Existe um esforço planetário para reduzir esse índice, principalmente no combate à bactéria *Streptococcus mutans*, presente na boca. Isso tem sido feito de diferentes maneiras: produção de vacinas, confecção de cremes dentais e antissépticos bucais mais potentes.

Alguns especialistas em aparelho digestivo afirmam que, como o homem não é um animal ruminante para mascar impunemente qualquer coisa, o uso diário do chiclete poderia provocar um desgaste acentuado da mastigação têmporo-mandibular. Como explicou o gastroenterologista José de Figueiredo Penteado à *Manchete*, mascar exageradamente provocaria ainda hipersecreção gástrica, uma vez que a mastigação estimula o cérebro a produzir o líquido porque supõe que alimentos estão sendo digeridos – a ordem é dada pelos movimentos da gengiva e da língua. Também provocaria o aumento de contrações do trânsito digestivo em direção ao intestino. No estômago vazio, o ácido irritaria as paredes estomacais e as contrações resultantes resultariam em gases. Para crianças pequenas, o estrago seria ainda pior, na sua opinião, uma vez que "elas correm o risco de engolir o chiclete que, alojado nas paredes do intestino, pode ser causa de diarreia, cólicas e de uma possível distensão abdominal".

Há, no entanto, quem veja o chiclete como benéfico na digestão dos alimentos. O hábito de recorrer à goma de mascar logo após o almoço, tão comum nas grandes cidades pelos adultos, estimula a produção de saliva, contribuindo para 'lavar' a boca e neutralizar o ácido produzido pelas bactérias na placa – que causa mau hálito e cáries. Por outro lado, diz Penteado, a goma de mascar "mantém a salivação abundante na boca". Como a secreção aquosa contém elementos antissépticos, garante a boca limpa e impede a formação de bactérias causadoras do mau hálito. O exercício do maxilar durante o dia poderia auxiliar os portadores de bruxismo – pessoas que rangem os dentes enquanto estão dormindo.

Laércio Gomes Lourenço, especialista em aparelho digestivo, não vê maiores problemas com as gomas de mascar para a saúde. Professor-adjunto doutor pelo Departamento de Cirurgia da Universidade Federal de São Paulo (Unifesp), Lourenço parte do princípio de que o uso constante de "qualquer coisa" sempre é prejudicial à saúde. O hábito diário de mascar goma pode ser sim danoso para as pessoas que têm tendência a doenças gástricas. Para os que garantem que o chiclete ajuda a oxigenar o cérebro, Lourenço é taxativo: o gás que corre no sangue é capturado pelos pulmões e não pela boca. O médico, entretanto, desmente que engolir chiclete faça mal – a goma levaria, diz a lenda, até sete anos para sair do aparelho digestivo. "Não acontece isso porque a goma é digerida no estômago e nos intestinos".

## Mudança

Nas duas últimas décadas do século XX, o chiclete foi promovido a um produto útil à saúde por diversas razões. Principalmente, graças à invenção da goma sem açúcar (*diet* ou *light*), que começou a ser fabricada no Brasil pela Adams em 1982. Desde então, tem sobrado imaginação para se atribuir utilidades ao produto. Em 2008, por exemplo, a revista médica *Archives of Surgery* confirmou o que muitos já pensavam e alguns médicos condenavam: mascar chiclete depois das refeições realmente ajuda no processo de digestão. Na edição de agosto daquele ano, uma pesquisa conclusiva sobre cinco estudos independentes que analisaram a recuperação de pacientes que passaram por cirurgia de cólon constatou que alguns pacientes que tiveram problemas durante o período pós-operatório e adquiriram mais dificuldade em ter novamente os movimentos intestinais apresentaram melhor rendimento e retorno mais rápido de suas funções digestivas ao mascar chiclete por 45 minutos, três vezes ao dia.

Para se ter uma ideia do impacto da descoberta, no Reino Unido são realizadas em média 30 mil cirurgias de cólon por ano. O uso da goma de mascar no tratamento como alternativa aos métodos mais tradicionais com medicamentos poderia trazer uma economia ao sistema de saúde inglês de aproximadamente 12 milhões de libras. O estudo foi realizado por um grupo de pesquisadores do *Imperial College London*. Eles concluíram que o ato de mascar gomas "confunde" o sistema digestório e, assim, ao invés de prejudicar, ajuda o paciente a ter boa função digestiva. "Além disso, o hábito faz com que os sucos gástricos se movimentem, literalmente", afirmou a revista.

Além da saliva, o chiclete pode estimular hormônios e secreções pancreáticas, importantes no aproveitamento dos alimentos. Participaram da pesquisa 158 pacientes. Eles foram separados em dois grupos: os que mascavam gomas três vezes ao dia, e os que não foram submetidos à goma de mascar. Constatou-se que o primeiro teve sua recuperação acelerada em um dia, em comparação ao outro. Outra conclusão importante, segundo a *Archives of Surgery:* em nenhum dos casos apresentados o ato de mascar gomas causou danos à saúde dos pacientes. O estudo também levantou a hipótese de que o ato de mascar gomas pode contribuir na recuperação de pacientes que sofreram outros tipos de cirurgias abdominais e que correm o risco de interromper o movimento gástrico – condição chamada pelos médicos de oclusão intestinal, e que pode causar sérias complicações.

O chiclete também voltou a ser vendido em farmácias como medicamento para ajudar na calcificação, branqueamento dos dentes e até no combate às cáries. Ou para aliviar a garganta, como o caso das gomas mentoladas Vick. Principalmente graças à industrialização do Xilitol, um adoçante natural encontrado nas fibras de muitos vegetais, como milho, framboesa, ameixa, entre outros. Também pode ser extraído de alguns tipos de cogumelos. O produto é tão doce quanto a sacarose, com a vantagem de ter 40% menos caloria. Tem sido recomendado por dentistas por causa de sua ação contra a infecção bucal e as cáries. O chiclete *diet*, sem açúcar, tem sido cada vez mais usado para conservar o bom hálito.

Mesmo com açúcar, o chiclete aumenta a capacidade da saliva de atuar como neutralizadora dos efeitos ruins dos carboidratos na alimentação, remineralizando lesões de cáries no esmalte dos dentes. Isso deve-se ao aumento do fluxo salivar, causado pela mastigação, que se torna uma proteção natural contra cáries. Um estudo realizado pela cirurgiã-dentista Renata Rodrigues de Freitas e por alunos e professores do Departamento de Ciências Biológicas da Faculdade de Odontologia de Bauru da Universidade de São Paulo (USP) e publicado na revista *Pesquisa Odontológica Brasileira,* em 2001, reuniu seis voluntários, que foram divididos em três grupos de dois. Durante 21 dias, eles usaram um aparelho removível que deixavam expostos inícios de lesões provocadas na placa bacteriana.

Um grupo utilizou pasta de dente sem flúor, quatro vezes ao dia, após as refeições; o outro, pasta de dente com flúor (1.500 ppm de flúor); e o terceiro, pasta de dente sem flúor mas com um complemento: a mastigação de goma de mascar (com 60% de sacarose) por 20 minutos após as refeições. O grupo onde houve maior remineralização (de 5,21%) foi justamente o dos que utilizaram chiclete, seguido pelo grupo que utilizou pasta com flúor (3,36%). No da pasta sem flúor, os resultados foram negativos, aconteceu uma desmineralização de 2,78%. O estímulo do fluxo salivar pela goma, observaram os pesquisadores, saltou no primeiro minuto para dez vezes o fluxo normal. Depois, porém, ocorreu uma rápida queda até a quantidade de três vezes o fluxo normal. Após 20 minutos, o padrão de fluxo salivar ficou no nível comum.

Pelas conclusões do estudo, nas gomas com sacarose, a concentração do açúcar na saliva atingiu um pico nos dois primeiros minutos e caiu rapidamente em seguida. Essa breve exposição adicional a ácidos como consequência da elevação inicial dos níveis de sacarose, concluíram os pesquisadores, contribuiria para a limpeza dos poros superficiais da lesão, permitindo o acesso dos minerais às porções mais profundas dos dentes. Isso levaria a um padrão de deposição mineral mais desejável.

Uma corrente de cientistas acredita que as gomas de mascar podem ajudar no combate às cáries a partir do momento que estimulam a salivação e ajudam a manter o PH da cavidade bucal. Enquanto os chicletes *diet* são usados para conservar o hálito, o Xilitol tem sido recomendado por causa de sua ação no combate à infecção do *Streptococcus mutans* e da cárie. Para os especialistas, o adoçante natural possui vantagem com relação aos outros semelhantes porque inibe o crescimento da bactéria.

Num outro aspecto estão as pessoas que defendem o uso da goma de mascar como terapia contra o estresse, como já foi visto. Basta lembrar que, ainda hoje, no interior do Brasil, preserva-se o hábito de mascar fumo de rolo em momentos de ansiedade – o que é feito durante muitas horas. O chiclete certamente tem uma ação de efeito psicológico também, do mesmo modo que o cigarro, mas sem a mesma agressividade lesiva da fumaça.

O chiclete também surgiu como um suporte para que as pessoas parem de fumar, graças à mistura em sua composição de pequenas doses de nicotina, que aliviariam a pressão do vício. Em 29 de agosto de 2002, o Instituto do Coração (Incor), do Hospital das Clínicas de São Paulo, distribuiu, no Dia Nacional de Combate ao Fumo, chicletes "nicotinados" para tratamento de 24 horas a 300 fumantes interessados em largar o cigarro. Jaqueline Issa, coordenadora do ambulatório de tabagismo da unidade, explicou à imprensa na época que a goma ajudava a controlar os sintomas da abstinência do tabaco. O produto podia ser comprado sem receita médica e só era contraindicado para mulheres grávidas, pessoas com úlcera e gastrite em atividade e para quem tinha dificuldade de mastigação.

O Chiclete com nicotina voltou a ser notícia em janeiro de 2009. Uma pesquisa feita pela Universidade de Pittsburgh, Estados Unidos, com 3300 pessoas, constatou que chicletes de nicotina realmente funcionavam em quem quisesse deixar o vício de forma gradual. Aquele foi o primeiro estudo a testar a eficácia da substância. Durante 24 horas, as chances de manter a abstinência foram pelo menos 40% maiores entre os fumantes que mascaram chicletes de nicotina em comparação com os que receberam placebo – goma sem nicotina. Após 28 dias, a taxa de abstinência foi de 2 a 4,7 vezes maior no grupo que "mascou" o remédio.

O pneumologista Sérgio Ricardo Santos, coordenador do núcleo de prevenção ao tabagismo da Universidade Federal de São Paulo (Prevfumo), disse à *Folha de S. Paulo* que administrar chicletes de nicotina em pacientes que estão diminuindo gradativamente o fumo é uma estratégia nova para lidar com os mais dependentes, que têm dificuldade em parar. Segundo ele, é importante que as gomas de nicotina sejam usadas somente até a pessoa estar mais motivada para largar o vício. "Chamamos isso de elevar a percepção de alta eficácia, um passo que o fumante precisa dar para parar", afirmou. "A goma deve ser utilizada apenas por pacientes com alto grau de dependência, que não conseguem aceitar a ideia de uma parada abrupta e que precisam de tempo", acrescentou Cristina Cantarino Gonçalves, coordenadora do Centro de Estudos para Tratamento da Dependência a Nicotina do Inca (Instituto Nacional de Câncer).

Essa conduta terapêutica, no entanto, ainda não consta das diretrizes internacionais. Os médicos alertaram que paciente precisa receber acompanhamento médico e se empenhou em diminuir efetivamente o número de cigarros. "Se a pessoa usar a terapia de reposição de nicotina indiscriminadamente, fumando a mesma quantidade de antes, corre um risco concreto de intoxicação pela nicotina", alertou Gonçalves. A pesquisa foi patrocinada pela companhia internacional GlaxoSmithKline, que fabrica gomas de mascar com nicotina.

A ciência não para de procurar formas de transformar o chiclete num aliado contra problemas ligados à saúde bucal. A partir de experiências com ratos, como noticiou revista *Nature Biotechnology*, em 2002, cientistas descobriram que uma variável dos Lactobacilos probióticos – geralmente encontrados no iogurte e em outros laticínios – poderia ser usada para impedir a fixação da bactéria causadora das lesões cariogênicas no esmalte dos dentes. Os pesquisadores Carina Kruger e Lennart Hammarstrom, do Instituto Karolinska, conseguiram alterar a estrutura do *Lactobacillus zeae*, de modo que a bactéria modificada produzisse anticorpos contra as *Streptococcus mutans*, responsáveis pela transformação do leite em iogurte.

Os especialistas lembram que os lactobacilos possuem um papel importante junto à flora intestinal. Com sua modificação, os novos lactobacilos se uniram às membranas da bactéria causadora da cárie dentária e impediram sua fixação no esmalte. O estudo seguinte, agora com humanos, mostrou que o número de bactérias responsáveis pelo desenvolvimento da cárie foi reduzido em poucos dias na presença desses agentes. A solução encontrada pelos cientistas para levar essa vantagem aos humanos foi alterar o DNA do Lactobacillus zeae adicionando o "pedaço" de DNA que carregava essas informações do camundongo. A Basf, empresa alemã que financiou a pesquisa, decidiu adicioná-las a gomas de mascar sem açúcar. Os "lactobacilos do bem", como ficaram chamados, seriam ajudados pela salivação causada pelo ato de mascar chiclete, que contribui para manter um pH neutro na cavidade bucal. Os alemães anunciaram para 2007 os chicletes enriquecidos com a novidade.

Em qualquer caso de chicletes que trazem benefícios aos dentes, os especialistas dizem que para tirar proveito dos efeitos 'limpantes' a pessoa precisa mascar continuamente, no mínimo por mais de 45 minutos, tempo médio em que a goma perde o sabor adocicado. Outros acreditam que vinte minutos seriam suficientes. Chicletes como Happydent White e Trident White trazem em sua fórmula substâncias com ação branqueadora como o bicarbonato de sódio e estearato de sódio. Felizmente, com o esforço de marketing da indústria, a goma de mascar parece perder a cada nova geração o ranço de vilão implacável para a saúde das crianças e dos adultos. Tem se tornado, sim, uma mera mania divertida para quem gosta de fazer bola. E um adocicado perfume para milhões de bocas em todo o mundo, que podem sorrir e beijar sem qualquer constrangimento quanto ao hábito.

# EPÍLOGO

## O designer do chiclete

A história do chiclete no Brasil no começo do século XXI passa pelo artista gráfico e designer Rogério Finetti Leite, da Finetti Design, de São Paulo. Desde 2003, ele e mais quatro profissionais cuidam de boa parte da concepção visual do que a Cadbury Adams faz nos segmentos de chiclete e balas no Brasil e na América Latina. Visitar seu estúdio é uma experiência das mais fascinantes. Como um mago, o simpático artista guarda em caixas estilizadas que lembram baús, verdadeiros tesouros que um dia vão contar parte da memória brasileira da goma de mascar no país.

Rogério é, antes de tudo, um apaixonado pelo que faz e que consegue contagiar a todos quando começa a falar de seus projetos. E são muitos. Nem ele sabe quantos. Para se ter uma ideia, somente nos quatro primeiros meses de 2009, por exemplo, sua equipe produziu nada menos que 120 itens para a companhia – ou seja, média de um novo por dia, contados os finais de semana e feriados. Ele curte o trabalho porque todo o seu universo de interesse gira em torno das imagens que encantam adultos e crianças há muito tempo. Um de seus prazeres, por exemplo, são as histórias em quadrinhos. Adora com a mesma intensidade os desenhos animados e o cinema. E são justamente os três seguimentos que mais fornecem licenciamentos para embalagens e figurinhas de chicletes.

Leite nasceu em 1970 e é paulistano do bairro da Liberdade. Como ele mesmo diz, desde pequeno mostrou aptidão para desenho e se dedicou a fazer ilustrações e quadrinhos. Também adorava chicletes, hábito que preservou por toda a vida. Não foi coincidência, portanto, que deu entrevista mascando um. Quando perguntado sobre isso, sorriu, pediu para esperar um pouco, saiu apressado e voltou com uma vasilha cheia de tabletes de goma de mascar de todos os tipos e nacionalidades. Era o pote de onde servia seus clientes e visitas que quisessem mascar, como ele.

Mesmo adolescente e depois adulto, manteve o interesse por figurinhas. "Lembro-me da coleção Monstros Ploc (na verdade, *Monsters Ploc*), de meados da década de 1980, sempre procurando os nomes de amigos e dos vizinhos para presenteá-los com suas respectivas figuras 'monstruosas'". Um pouco antes, fez também a famosa coleção da Copa do Mundo de Futebol de 1986, dentre outras. "Sempre gostei de álbuns de figurinhas, do prazer de colecioná-los e completá-los", observou. Rogério só não imaginava que um dia ele mesmo criaria coleções para milhares de crianças e adultos do Brasil e de países vizinhos.

E por falar em *Ploc Monsters*, o mundo é mesmo muito pequeno. Um dia, ele foi fazer um curso de animação na Oficina Oswald de Andrade, em São Paulo, quando soube que seu professor, Céu D'Elia, fora o criador dos monstrinhos da Ploc. Havia concebido e desenhado todos eles. D'Elia, embora pouco conhecido no Brasil, construiu uma carreira de sucesso como desenhista de animação em Hollywood. No longa-metragem animado *Fievel – Um conto americano* (1986), de Don Bluth, por exemplo, ele ficou responsável pelos desenhos do personagem caranguejo. Se esse contato foi um prenúncio de sua aproximação com o mundo das gomas de mascar, ele só percebeu depois, claro.

E seu envolvimento com esse mercado aconteceu por um caminho intermediário, fruto do acaso e jamais planejado. Tudo começou quando ele desenhava em acetatos que depois eram fotografados para "virarem slides" para apresentações em eventos, seminários e congressos. "Passei por agências de publicidade, onde tomei conhecimento da expressão 'vender a marca' – depois, 'marca' se tornou 'brand'". Surgiu, então, certo dia, na sua frente, a missão de desenvolver o desenho de uma embalagem. Tinha de ser algo diferente, que passasse a impressão de 3D, com encaixes, aberturas. "Era a junção do desenho 'geométrico' com as cores, formas, ilustrações e tipologias. Acho que senti ali algo que me acompanharia por muito tempo, era o caminho que eu queria trilhar. Desenvolvi embalagens para grandes e também para pequenas empresas".

Não era fácil fazer isso, pois tudo exigia o uso das mãos. "Sou da época A. C. (Antes do computador), por isso, usava e abusava de letra-set, aerógrafo, fotocomposição, caneta nanquim, marcação de letra etc". Sua primeira experiência na área foi com audiovisual, antes de surgir o programa Powerpoint. "Fui me inteirando, aprendendo, compartilhando". Leite trabalhou também com um dos profissionais que considera um dos mais aptos na área de cor, Fred Jordan, que lhe ensinou diferentes diretrizes de cores em uma embalagem.

Antes de adentrar no mundo dos chicletes, ele se envolveu com muitos outros tipos de produtos. "Como designer, cada projeto tem um papel especial, um diferencial, mas gostaria de destacar dois casos que fiz antes da Adams". O primeiro foi a coleção Bebê Vida, para a empresa de cosméticos Davene. "Foi uma linha diferenciada, direcionada para a mãe que queria 'proteger' seu bebê. Para isso, adotamos o conceito de que ela quer e precisa de produtos que transmitam essa sensação". Foi uma campanha inovadora porque utilizava não um rótulo adesivo, mas um *sleever* (luva), um dos primeiros trabalhos no Brasil a recorrer a essa tecnologia. A embalagem ganhou o Prêmio Tecnologia Embanews em 2000.

Outro projeto foi a Linha da Mônica, no qual as embalagens eram diferenciadas por ter um "porta-treco", que era montado a partir de uma parte removível da embalagem. "Esse trabalho foi importante porque desenvolvemos em conjunto com o estúdio de Maurício de Sousa, utilizando os personagens que povoaram minha infância". Por fim, a Adams apareceu no caminho de Leite. Aconteceu de um dia ser convocado para desenvolver em uma gráfica materiais de cartonagem da Adams para impressão, ainda na época em que uma das fábricas ficava na Avenida do Estado.

A regularidade desse tipo de trabalho o aproximou da fabricante. "Como cuidávamos das artes, apresentávamos também soluções de estruturas de embalagens. Tínhamos contato com a área de marketing da empresa e, após meu desligamento da gráfica, passei a desenvolver alguns projetos de adaptações de artes para o Brasil". O primeiro, criado em 2002, foi a caixa "especialidades" da Adams. Ficou encarregado de cuidar das ilustrações dos produtos que compunham as embalagens de vários produtos – Chiclets, Bubbaloo, Ping-Pong, Ploc e Clorets. Na época, a encomenda do serviço foi feita por Alexandra Santi.

Essa parceria permitiu que, ao deixar a gráfica, Rogério montasse sua própria empresa, uma agência de design focada na área de embalagem, com a missão de "projetar soluções" para embalagens de produtos. Desde então, sua relação com a Adams não parou de crescer e ele estabeleceu um contrato renovável ano a ano para cuidar de boa parte dos produtos da empresa – missão que divide com outra agência brasileira (Narita) e uma argentina (Pierrini). Com sua equipe,, desenvolve para a Adams principalmente embalagens. "Cuidamos das ilustrações que compõem algumas embalagens. Desenvolvemos também as sequências de figurinhas e álbuns para a linha de Ping-Pong".

O designer destaca no caso do chiclete de bola as coleções de figurinhas dos desenhos animados e seriados de TV *Power Rangers, Turma do Bairro, Chaves, Shrek II, Carros, Kung Fu Panda, Monstros S. A., Procurando Nemo, Os Incríveis, Toy Story* e *Vida de Inseto*. "Sempre procuramos tratar cada encomenda de uma forma 'fun', divertida". Rogério criou ainda álbuns de *Shrek II, Monstros S. A* e *Witch* – que simulava um diário onde eram colados os cromos.

O processo de criação no caso dos desenhos animados e filmes, explica ele, começa muitos meses antes do seu lançamento nos cinemas, quando companhias estrangeiras como *Pixar* e *Dreamworks* costumam fazer eventos no começo de cada ano para anunciar seus lançamentos nos cinemas – filmes e desenhos animados – e apresentar seu catálogo de opções de licenciamento. Na ocasião, as empresas interessadas como as fabricantes de chicletes comparecem com suas equipes de criação para definir o que pretende explorar em seus produtos.

Cada convidado recebe um "guide" – quase sempre um luxuoso catálogo em inglês, impresso em papel de altíssima qualidade e capa dura, onde são organizadas e mostradas as possibilidades de licenciamento – inclui, por exemplo, público alvo dividido por sexo, galeria de personagens, ilustrações diversas de cada um, processo para pagamento de direito autoral (*copyright*), logomarcas e ideias de produtos, além dos custos de cada um etc. A Disney segue um caminho diferente: apresenta seus produtos ao vivo, mas disponibiliza seu catálogo somente pela internet, onde os parceiros podem baixar todo tipo de imagem que quiser – mediante senha – em alta resolução para adaptá-los a seus produtos.

É um bom negócio para todo mundo. Shrek, por exemplo, revelou tamanha potencialidade que a Cadbury Adams fechou de imediato contrato para duas coleções de figurinhas para a linha Ping-Pong, que fez muito sucesso. "Depois, é deixar a imaginação fluir e criar todo tipo de produto licenciado, dentro das características do nosso mercado e do fabricante, apesar do rigor das companhias licenciadoras" – todos os itens criados devem ser enviados aos Estados Unidos para aprovação. No caso de *Monstros S. A.*, por exemplo, Rogério e sua equipe tiveram uma boa ideia: aproveitaram as laterais das caixas de chiclete Ploc para fazer um quebra-cabeça com o empilhamento das embalagens, de modo que, quando as mesmas formassem os olhos dos personagens Mike e Sully. "Fizemos um corte dos olhos, que causam muito impacto no filme", justifica.

Embora comande a produção, o designer diz que participa de todas as etapas do processo de criação diretamente. "Como artista gráfico, fica muito difícil eu não 'meter a mão na massa'. Dessa forma, sempre rabisco no papel minhas ideias, criando as imagens que devem fazer parte do projeto. Depois de uma longa pesquisa, junto com o pessoal da Finetti, partimos para a formatação dessa ideia em algo tangível". Seu trabalho inclui reinventar o visual dos produtos para torná-los mais atraentes ao consumidor brasileiro e, claro, aumentar as vendas. "Revitalizar uma embalagem é sempre um grande desafio, ainda mais se tratarmos de embalagens que se tornaram 'lendas', como a do Chiclete Adams, sempre relembrada".

Nos últimos anos, entre os projetos que cuidou, destaca ele, aparecem a bala Soft, a guloseima Jujuba e o chiclete Delicado. "Foram três marcas bem conhecidas por mim durante a minha infância". Outra produção relevante, prossegue ele, foi a reformulação visual dos Mini Chiclets, cuja embalagem destacava um sorriso, enquanto os mini-chiclets apareciam ao fundo, pois o material era transparente. "A produção está sempre ligada à questão estratégica e logística do lançamento da fabricantes. Muitas vezes algo que não é lançado hoje pode acontecer daqui a dois meses ou um ano", explica.

Quem define os formatos, as medidas e os gêneros licenciados dos produtos é o fabricante, claro. No caso das figurinhas, muitas vezes não é tarefa das mais fáceis fazê-las quando o tamanho é reduzido. A série auto-colante de Chaves, por exemplo, trazia cromos com apenas 2 x 2 centímetros. Nesse espaço – em todas os cromos, é preciso colocar todas as informações necessárias e padronizadas: logomarca do chiclete e do personagem, *copyright*, numeração e uma cena de humor ou de situação do (s) personagem (ns).

Trabalho, portanto, não falta. Basta imaginar que a linha Bubbaloo tem seis sabores diferentes que se revezam – implica, portanto, criar seis embalagens diferentes, além da composição das caixas onde são armazenadas as gomas para venda. "Tudo que fazemos dá um imenso prazer, empolga a todos porque há a presença do nosso lado fã no processo, o que não diminui nem um pouco a nossa seriedade em fazer da melhor forma para o cliente, que seja algo legal, funcional e transmita a ideia de brincadeira". Ao mesmo tempo, seu escritório acompanha atentamente o que faz a concorrência – por isso, é comum ver caixas de chicletes de outras empresas espalhadas pela empresa.

Enquanto Rogério cuida dos chicletes para crianças e gomas da linha Chiclete Adams, um outro estúdio, o Narita Design, de Mário Narita, zela pela imagem de toda a linha Trident. Em outubro de 2008, por exemplo, a empresa cuidou do lançamento das novas embalagens do chiclete, criadas especialmente para destacar sua nova formulação – considerada inovadora porque prolonga o sabor e a refrescância do chiclete. As mudanças foram feitas para atender às pessoas que desejam um chiclete que dure mais, para acompanhá-las na longa e corrida jornada do dia a dia. A equipe da Narita Design recebeu o desafio de comunicar a novidades, mas sem romper com a atual arquitetura visual da marca. Nesse sentido, foram feitas interferências sutis nas imagens dos ingredientes, no logo e no raio ao fundo, mas que foram suficientes para modernizar a embalagem e destacar sua refrescância.

Há 30 anos no mercado, Mario Narita trabalhou em importantes agências de publicidade de São Paulo antes de abrir seu próprio negócio, em 1998. Dentre elas, Norton, Alcântara Machado, DPZ e MPM. Como diz seu perfil oficial, a Narita Design é um estúdio de dedicado à criação de embalagens, *shapes* e identidades visuais com o objetivo de gerar resultado e fortalecer a marca de seus clientes. São aproximadamente 40 profissionais que trabalham em projetos nacionais e internacionais para empresas como AmBev, Basf, Cadbury Adams, Kraft Foods, Pepsico, Sadia e Unilever.

Quando criança, Rogério Leite brincava com os irmãos e os amigos para ver quem conseguia fazer a maior bola de chiclete. Alguns amigos da turma achavam que o Ping-Pong rendia as maiorias. Outros, que era a Ploc. "Hoje, trabalho com um objeto de prazer. Aquilo que era diversão e alegria virou trabalho divertido. Ter esse elo com a embalagem me faz sempre tentar transmitir a nostalgia. Mas, acima de tudo, a mesma magia que me transmitia na minha infância".

# BIBLIOGRAFIA

## 1 – Livros

ABREU JR. Theóphilo E. de. *Nas asas da Panair*. São Paulo, 2000, edição do autor.

AUSTIN, Reid Stewart. *Petty – the classic pin-up art of George Petty*. Nova York: Gramercy Books, 1997.

BRANDÃO, Ignácio de Loyola. *60 anos de prazer*. São Paulo: DBA Editora, 2004.

CAMPOS, Roberto. *Lanterna na popa*. Rio de Janeiro: Top Books, 2004, 2 vols.

DE SANTIS, Pablo. *Rico Tipo e las chicas de Divito*. Buenos Aires: Compañía Editora Espasa Calpe Argentina, 1993.

JACKSON, T. Kenneth (editor). *The Encyclopedia of New York City*. New Haven: Yale University Press, 1996.

PEDREIRA, Flávia de Sá. *Chiclete eu misturo com banana – Carnaval e cotidiano de guerra em Natal – 1920-1945*. Natal: Editora da UFRGN, 2005.

PILLE, Lolita. *Bubble gum*. Rio de Janeiro: Editora Record, 2004.

RIOS, Rosana. *Chiclete grudado embaixo da mesa*. São Paulo: Abril, 1992.

SAGUAR, Luis. ARAÚJO, Rose. *Almanaque do Ziraldo*. São Paulo: Melhoramentos, 2007.

SANCHES NETO, Miguel. *A guerra do chiclete*. Rio de Janeiro: Editora Positivo, 2008.

Tota, Antonio Pedro. *O imperialismo sedutor: a americanização do Brasil na época da Segunda Guerra*. São Paulo: Companhia das Letras, 2000.

Turner, Stansfield. *Queime antes de ler*. Rio de Janeiro: Record, 2008.

Wardlaw, Lee. *Bubblemania – The chewy history of bubble gum*. New York: Aladdin Paperbacks, 1997

## 2 – Textos

Almudena, Célia. "Chiclete." São Paulo, *Folha de S. Paulo*, 6 de maio de 1991.

Botelho, Raquel. "Incor dá chiclete de nicotina para fumantes em SP". São Paulo, *Folha de S. Paulo*, 29 de agosto de 2002.

Costa, Danilo. "Figurinhas carimbadas". Suplemento Já. São Paulo, *Diário de S. Paulo*, 14 de maio de 2000.

Junior, Antonio. "O método Brando. Antônio Junior". *Brasil Alimentos Online* n°57 – 18 de abril de 2002.

Oliveira, Mirlo Lopez. "Década de 50". Especial James Dean. http://multiplot.wordpress.com, 29 de setembro de 2008.

Rabelo, Arnaldo. "Gomas de mascar movimentam cerca de US$ 250 milhões por ano no Brasil". Rabelo e Associados – reproduzido site Editora Abril, postado em 9 de agosto de 2006.

Ribeiro, Bruno. "Figurinhas carimbadas". São Paulo, *Metrópole*, 13 de abril de 2003.

Rodrigues, Miguel Angel Schmitt Rodrigues. "O tabagismo em quatro clássicos do cinema de Hollywood da década de 50 e os seus protagonistas". Site da Sociedade Brasileira de Pesquisa Histórica (SBPH).

Silva Jr. Gonçalo. "Bons de bola". Leitura de Fim de Semana. São Paulo, *Gazeta Mercantil*, 11 e 12 de maio de 2002.

Vergueiro, Malu. "O casal chichete". São Paulo, *Revista MTV* n. 42, novembro de 2004.

## Sites

Bazooka Bubble Gum:
http://www.topps.com/candy/brands/bazooka/index.htm

Bubble-Blowing World Record Holder:
http://www.chewsysuzy.com/home.htm
http://www.leewardlaw.com/bubble_gum_balls.htm

Bubble Gum Alley:
http://www.locallinks.com/bubblegum_alley.htm

Bubble Gum Day
A Bubble Gum Holiday and FUNdraiser for your school!):
http://www.bubblegumday.com/

Bubble Gum Sculptures:
http://blog.makezine.com/

Bubble Gum Blowing World Championship
http://bubblegumheaven.com

Dubble Bubble:
http://www.tootsie.com/dubble_land.php

How Bubble Gum is Made (a short video):
http://www.youtube.com/watch?v=Z69N3zwJUIE

Hubba Bubba:
http://www.hubbabubba.com/

International Chewing Gum Association (ACGA):
http://www.gumassociation.org/

Wrigley's: Education Resources:
http://www.wrigley.com/about_us/education_resources.do

Gum Wrapper Chain World Record Holder:
http://www.gumwrapper.com

Esta obra foi impressa em Santa Catarina pela Nova Letra Gráfica & Editora no verão de 2012. No texto foi utilizada a fonte Adobe Garamond Pro, em corpo 11, com entrelinha 16,5 pontos.